DEUXIÈME MISSION EN ITALIE.

VELEIA. ROME.

I. Table Alimentaire, — Excursion à Veleia.

II. Voie Appienne, — Catacombes, — AQUÆ APOLLINARES.

PAR

ERNEST DESJARDINS.

PARIS,

IMPRIMERIE ET LIBRAIRIE ADMINISTRATIVES DE PAUL DUPONT.

Rue de Grenelle-Saint-Honoré, 45.

1858.

PREMIER RAPPORT

à Son Exc. M. le Ministre de l'instruction publique et des cultes, sur une mission scientifique en Italie.

VELEIA.

Monsieur le Ministre,

M. Hippolyte Fortoul, le prédécesseur de Votre Excellence, m'avait fait l'honneur de me charger, par arrêté du 31 mars 1856, d'une mission scientifique en Italie, dont la durée était fixée à trois mois, à partir du 1er août. Cette mission comprenait deux objets distincts :

« 1° *A Parme*, faire une étude complète sur la *Table alimentaire* et en tirer des éclaircissements sur l'organisation de l'assistance publique dans l'empire romain et sur les divisions de la cité romaine ;

« 2° *A Rome*, puiser dans les découvertes archéologiques les éléments d'un travail sur la *topographie de l'ancien Latium, de la Sabine et de l'Étrurie méridionale.* »

Je viens de m'acquitter de la première partie de ma mission, et j'ai l'honneur de présenter aujourd'hui à Votre Excellence l'ensemble des résultats que j'ai obtenus, me réservant de produire, dans un Mémoire plus détaillé, tous les documents que j'ai recueillis et de développer les considérations auxquelles ils peuvent donner lieu.

Le travail que j'avais présenté à la Faculté des lettres de Paris, pour les épreuves du doctorat, au mois de février 1855, et portant ce titre *De Tabulis alimentariis*, était le résultat d'une première étude, commencée à Parme en 1852 et poursuivie, en France, dans le courant des années 1853 et 1854, sur l'*Institution alimentaire*, et, en particulier, sur la célèbre *Table de bronze du palais Farnèse*, désignée vulgairement sous le nom de *Table alimentaire* ou sous celui de *Table trajane.* C'est ce travail, modifié par les observations et les critiques des éminents professeurs de la Sorbonne, qui devait servir de point de départ à mes nouvelles recherches. Je crois donc qu'il ne sera pas inutile de rappeler très-sommairement ici l'objet de cette première étude et d'indiquer les progrès que la science a faits sur ce point dans ces derniers temps, en marquant la faible part que je puis revendiquer dans les résultats obtenus jusqu'à ce jour pour l'éclaircissement de cette intéressante question. Ce rapide exposé fera mieux ressortir les points sur lesquels devaient porter mes travaux dans le duché de Parme.

Bien que la découverte de la Table trajane remonte à l'année 1747 et que les savants les plus autorisés de l'Italie, tels que Muratori et Maffei, eussent tenté d'en donner une explication, ce n'est guère que depuis quelques années que l'on a la pleine intelligence de l'institution trajane, c'est-à-dire de l'établissement de l'assistance publique dans les villes de l'Italie. Grâce aux remarquables travaux publiés sur cette question depuis 1809, grâce surtout à ceux de MM. Borghesi et Henzen, la lumière s'est faite sur ce point, jusqu'alors ignoré, de l'économie politique des Romains. La découverte du monument de Campolattaro (1832), semblable à celui de Parme, a été l'occasion de savantes dissertations (insérées dans les *Annales de l'Institut de correspondance archéologique de Rome*) qui ne laissent plus de doute dans l'esprit de personne sur le mécanisme de cette belle institution que les écrivains de l'*Histoire-Auguste* n'avaient fait que mentionner. On sait aujourd'hui que, par cette heureuse application du crédit foncier, Nerva, et, après lui, Trajan étaient parvenus à créer une rente perpétuelle en faveur des enfants pauvres des colonies et des municipes de l'Italie. On sait que la *Table alimentaire* de Parme n'est autre chose qu'un contrat par lequel l'empereur Trajan prête une somme de 1,116,000 sesterces à cinquante et un propriétaires des cités de Véléia, de Plaisance et de Parme, qui hypothèquent leurs terres pour une somme égale et s'engagent à verser annuellement l'intérêt, à 5 p. 0/0 du capital emprunté dans la caisse des secours publics; enfin, que cette somme était consacrée à l'alimentation des enfants pauvres de la cité de Véléia, dont le nombre s'élevait à 300. Ainsi, par la prévoyante sollicitude de l'empereur, la propriété trouvait un secours important (l'intérêt à 5 p. 0/0 étant peu élevé en comparaison de l'intérêt commercial qui était de 12 p. 0/0), la misère publique était soulagée et le capital se conservait intact; admirable institution qui substituait aux prodigalités intéressées des premiers Césars un mode sage et régulier dans la munificence impériale, et qui étendait et perpétuait le bienfait sans que la source en pût être tarie !

Le travail que j'avais eu l'honneur de soumettre aux lumières de la Sorbonne se divise en quatre parties :

La première est l'*historique* des deux Tables alimentaires. A cet exposé se trouve jointe la bibliographie des ouvrages publiés jusqu'à ce jour sur les deux inscriptions. Cette première partie renferme quelques lacunes que j'espère pouvoir combler aujourd'hui.

La seconde partie n'est qu'une dissertation historique sur l'institution elle-même, sur son origine, son application, ses développements sous Trajan et ses successeurs, et sur sa décadence dans le cours du troisième siècle. Je m'étais efforcé, toutefois, d'indiquer le lien qui pouvait exister entre le bel établissement des Antonins et la charité chrétienne. Mais M. Wallon a montré, à la séance publique du doctorat, que les lois de Trajan sur l'assistance n'avaient aucun rapport avec la divine organisation de la charité, et qu'il fallait placer vers la première moitié du troisième siècle, non pas la décadence, mais la ruine complète de l'institution alimentaire, par l'excellente raison que, les terres ayant subi une dépréciation considérable, par suite des guerres civiles qui désolaient l'empire et surtout l'Italie, il aurait été impossible aux propriétaires de remplir leurs engagements vis-à-vis de l'empereur et de prélever 5 p. 0/0 sur le produit de fonds qui ne rendaient certainement pas la moitié de cette somme; car c'est sans doute à cette époque qu'auront été faits les premiers contrats emphytéotiques, par lesquels étaient affermés gratis les *latifundia*, à la charge, pour le preneur, d'ensemencer les terres dont il devenait détenteur. Je dois donc modifier mon travail sur ce point et substituer au système erroné que j'avais suivi l'opinion du savant auteur de l'*Esclavage dans l'antiquité*, opinion que partage M. Borghesi, et dont il m'a fait l'honneur de m'exposer lui-même les raisons. — Pour toute la partie purement historique de mon travail, je me suis presque borné à reproduire la brillante dissertation de M. Henzen, publiée en 1845 (*Annales de l'Institut de correspondance archéologique de Rome*). J'y avais seulement ajouté quelques réflexions sur l'*assistance privée* telle qu'elle nous apparaît en Italie, surtout d'après la lettre de Pline à Caninius (VII-18); car l'assistance privée est le point de départ de l'établissement impérial, et c'est à cet usage que Nerva et Trajan ont évidemment emprunté l'idée et le mécanisme même de leur institution. Pour cette partie de mon travail, j'ai eu recours aux doctes conseils de M. Capmas, professeur à la Faculté de droit de Dijon; pour ce qui concerne la hiérarchie des magistratures alimentaires, j'ai consulté les travaux de MM. Borghesi et Henzen; enfin, le savoir et l'expérience de M. Léon Renier m'ont offert aussi de précieux secours sur ce point.

Dans la troisième partie, j'ai donné une explication analytique de la Table trajane elle-même. Ce qui m'est vraiment personnel dans ce travail se borne à quelques explications de détail. Je crois avoir établi, par exemple, que le mot *populus*, si souvent employé dans l'inscription, ne signifie pas seulement les *itinera* mentionnés dans les *Agrimensores*, ainsi que l'avait cru M. Henzen, mais bien tout ce qui appartenait au public, à la cité, comme les grandes voies, les chemins vicinaux, les terres communes, etc., explication que je n'ai donnée d'ailleurs qu'après l'avoir soumise à l'approbation de M. Léon Renier. M. Borghesi a adopté mon interprétation (1).

On voit figurer dans la Table trajane, outre les noms des cités de Véléia, de Plaisance et de Parme, sur le territoire desquelles était située l'immense majorité des fonds, celles de Libarna et de Lucque, fort éloignées de Véléia ; de là, les erreurs dans lesquelles étaient tombés les savants italiens du siècle dernier, qui avaient saisi avec empressement l'occasion de revendiquer pour leur pays une partie des fonds mentionnés dans l'Inscription. Le Toscan Lami, par exemple, s'est efforcé de prouver qu'une partie de ces terres était située dans le territoire de Lucques. Pitarelli, d'Asti, a dispersé ces mêmes fonds dans toute la Cisalpine et jusqu'aux pieds des Alpes. Ce dernier système avait été reproduit par M. Walkenaer dans sa *Géographie des deux Gaules;* car le monument de Parme et les travaux auxquels il avait donné lieu avant 1815, en Italie et en Allemagne, étaient demeurés presque inconnus en France, quoique M. Millin, ainsi que me l'a fait observer le savant doyen de la Faculté des lettres de Paris, eût fait mention de la *Table alimentaire* elle-même, transportée à Paris en 1797 (rendue à Parme en 1815). M. Walckenaer possédait dans sa riche collection les ouvrages de Pitarelli et de Lama sur la Table de Parme. On peut douter qu'il connût les autres publications faites sur cette matière : c'est, proprement, une analyse de la partie géographique du travail de Pitarelli qu'il a présentée dans la section de son livre qui concerne la Cisalpine. D'après ses conseils, je me suis occupé, pour la première fois, en 1850, de la cité de Véléia, et, comme je publiais à cette époque un *Dictionnaire* et un *Atlas* élémentaire, en 7 feuilles, sur l'*Italie ancienne*, j'ai dressé une carte, fort hypothétique, de la situation des *pagi* ou cantons mentionnés dans la Table alimentaire, n'ayant d'autres éléments que l'analyse de M. Walckenaer et le grand atlas de Bacler d'Albe.

A mon arrivée en Italie, en 1852, lors de ma première mission

(1) Lettre que M. Borghesi m'a adressée de Saint-Marin, le 3 octobre 1856.

scientifique (1), M. l'abbé Gazzera, secrétaire perpétuel de l'Académie des sciences de Turin, m'instruisit du peu de crédit dont jouissait Pitarelli comme savant. Il m'engagea à aller à Parme, où je pourrais voir le monument lui-même. M. le commandeur Lopez, directeur du Musée des antiques de la Pilotta, me convainquit bientôt, tant par ses doctes conseils que par les travaux qu'il me mit entre les mains, de l'erreur que mon savant maître et moi avions commise sur la foi de Pitarelli, dont le système est entièrement abandonné aujourd'hui. Le chanoine Cara, qui s'était occupé de la partie géographique de la Table alimentaire, avait montré, vers la fin du siècle dernier, qu'on ne saurait raisonnablement disperser, dans toute la Cisalpine, des fonds de terre figurant sur un contrat trouvé à Véléia, contrat dont le but était de secourir les misères de cette cité. Il proposa donc de grouper autour de la ville elle-même, prise comme centre, tous les cantons énumérés dans la Table, avec les fonds de terre qui en dépendaient. Pour les *pagi* de Plaisance et de Parme, cela ne présentait aucune difficulté, puisque ces deux cités étaient limitrophes de Véléia; mais il n'en était pas de même pour Libarna et Lucques. — Dans mon travail de 1854, sans m'écarter du système de Cara, j'ai cherché à établir que les terres des *Lucenses* et des *Libarnenses* étaient enclavées dans le territoire de Véléia, et qu'elles devaient avoir été *vectigales ;* c'est-à dire terres possédées primitivement par ces deux cités, et affermées, à perpétuité, à des conditions qui donnaient aux *actores* (fermiers) tous les droits du propriétaire, sauf vis à-vis de la cité elle-même : droit de la représenter en justice pour défendre les intérêts du domaine, droit de le vendre, de le laisser à ses enfants ou autres héritiers, sans que la cité-propriétaire pût s'y opposer. Elle n'avait, d'ailleurs, aucun intérêt à le faire, la redevance étant inhérente à la condition de la terre elle-même. Cette obligation constituait le *vectigal ;* il n'était donc nullement personnel, mais frappait la terre seulement et était imprescriptible. Nous voyons en effet, par les écrivains et les inscriptions, que des cités de l'Italie possédaient des terres vectigales jusque dans l'île de Rhodes, sans que cet éloignement dût avoir aucun inconvénient. J'en ai tiré la conséquence que les terres de Lucques et de Libarna étaient des enclaves du territoire de Veléia, et que ces fonds devaient avoir été, dans l'origine, des *terres vectigales* dépendantes de ces deux cités. Toutefois, ma conclusion pourrait paraître trop absolue et cette question sera soumise à un nouvel examen. M. Lopez

(1) Arrêté en date du 24 août 1852.

m'a fait remarquer, par exemple, dans la 43e obligation du contrat, que les mots *coloni Lucences* ne devaient pas désigner la cité de Lucques, mais des particuliers fixés dans le territoire de Véléia, et qui avaient conservé, de leur origine même, le surnom de *Lucenses.* Ce qui prouve, d'ailleurs, mon erreur sur ce point, c'est l'expression *Respublica Lucanorum*, employée, dans cette même obligation, pour désigner une terre limitrophe du domaine des *coloni Lucenses* ; or, il n'est pas probable que l'on ait fait usage, dans le même *titre*, de deux mots différents pour désigner le même propriétaire.

Dans cette partie de mon travail, j'ai abordé l'étude purement géographique de la *Table*, et j'ai trouvé d'abord, non pas cinq cités mentionnées dans l'inscription, mais six. La sixième, dont aucun des écrivains qui se sont occupés du monument de Parme n'a parlé, se trouve cependant exprimée en toutes lettres dans la ligne 99e de la 3e colonne : ANTIATE.ET.VELEIATE.PAG.FLOREIO, etc. — Comme les noms des cités précèdent toujours ceux des *pagi*, il ne peut s'agir ici que d'un domaine situé sur le territoire des deux cités d'Antium et de Véléia ; or, Antium n'est pas la ville volsque connue sous ce nom, mais la cité de Gênes, appelée *Antium* par le géographe Scylax, ainsi que l'a remarqué M. Walckenaer (*Géographie des deux Gaules*, t. II, part. II, chap. IV, p. 109). Cette explication a été adoptée par MM. Pezzana et Lopez. M. Borghesi ne l'accepte que comme une hypothèse; mais il considère comme certain que le mot ANTIATE désigne une cité.

J'ai posé en principe, d'après Cara, qu'il fallait grouper les *pagi* près de la cité dont ils dépendaient de manière à former par leur réunion un ensemble compacte; j'ai ajouté que les cités possédaient toutefois des terres éloignées de leur territoire principal et que ces terres devaient être attribuées à un ou à plusieurs *pagi* déjà existants. A l'époque des conquêtes de Rome vers les Alpes, il est probable que les colons envoyés dans les pays nouvellement soumis n'étaient pas tous pris à Rome, mais que les anciennes colonies devaient en fournir un certain nombre. Dans ce cas, on aurait donné au *pagus* d'où les colons étaient tirés le nom de la cité dans laquelle ils s'établissaient ; c'est ainsi que l'on trouve, parmi les *pagi* de Véléia et de Plaisance, les noms *Albensis, Statiellius, Bagiennius, Vercellensis,* qui présentent une frappante conformité avec les villes d'*Alba-Pompeia* d'*Aquæ-Statiellæ*, d'*Augusta-Bagiennorum* et de *Vercellæ.* Cette explication est conjecturale, il est vrai; mais je crois avoir démontré, en donnant le vrai sens d'un passage de Strabon, que Plaisance possédait encore des terres dans le territoire de Verceil au premier siècle de J. C. (*De Tabulis alimentariis*, p. 65.)

Une des plus grandes difficultés qui aient arrêté ceux qui se sont occupés de la *Table alimentaire* est la suivante. Dans chacune des obligations du contrat, on voit figurer d'abord les noms des propriétaires, puis l'estimation totale de leur domaine dans son ensemble (exprimée en sesterces) ; puis l'énumération détaillée de tous les fonds dont se compose ce domaine, avec l'estimation partielle de chacun de ces fonds ; enfin, la somme hypothéquée sur ces valeurs ; or, presque jamais l'addition des estimations partielles ne donne un résultat qui coïncide avec le chiffre de l'estimation d'ensemble ; cependant, ce sont les mêmes terres, estimées, dans les deux cas, par le propriétaire avec la même formule ; et ces différences se trouvent répétées trop souvent pour qu'il soit possible de les imputer à une erreur du graveur. J'ai proposé l'explication suivante : l'inégalité dont il s'agit provient sans doute de ce que le domaine, estimé dans son ensemble, présentait en effet une valeur différente de celle qui était donnée à ce même domaine estimé en détail. Ne voyons-nous pas aujourd'hui les propriétaires tirer souvent d'une terre aliénée par portions une somme plus considérable que s'ils l'eussent vendue en bloc à un seul acquéreur ? Or, si le prix de la vente diffère, selon que la propriété est livrée en un seul ou en plusieurs lots, il faut en conclure que la valeur réelle du domaine est différente aussi, suivant qu'on le considère en entier ou divisé. La même chose avait lieu chez les Romains, et cette diversité d'estimation indique peut-être que, si le propriétaire était disposé à vendre ses terres, il entendait obtenir tel prix du détail, tel de l'ensemble. Mais une autre difficulté se présente : c'est que la différence entre les deux estimations est tantôt en plus, tantôt en moins, au détail et à l'ensemble. Antonius Priscus, par exemple, estime l'ensemble de ses terres à la valeur de 233,080 sesterces, et la somme des estimations partielles de ces mêmes terres ne s'élève qu'à 221,488 sesterces. J'ai encore expliqué cette différence, inverse de la précédente, par l'exemple de ce qui se passe de nos jours. Nous voyons que, dans les contrées stériles, remplies de landes, il arrive précisément le contraire de ce que nous remarquons dans les pays fertiles. Quand le sol est productif, les petites propriétés donnent de meilleurs résultats à l'exploitation rurale que les grandes. Le morcellement est alors un bienfait pour la richesse agricole du pays. Dans les pays ingrats, au contraire, les petits cultivateurs ne peuvent tirer aucun parti de leurs terres, tandis que le grand propriétaire utilise son vaste domaine en le faisant planter d'arbres, par exemple ; une couche artificielle se forme, avec le temps, sur le sol, qui commence à produire, tandis que les petites gens, qui ne peuvent faire les mêmes dépenses, gardent stérile un champ qu'ils ont reçu stérile. Il suit de là que l'estimation partielle de la terre dans les contrées pauvres doit être moins élevée que celle de l'ensemble, car elle se vendra moins cher en détail qu'en bloc. Cette observation m'a conduit à une autre qui m'a semblé donner quelque force à mon hypothèse. En m'aidant des rares indications géographiques que me fournissaient les inscriptions locales et l'analogie, souvent frappante, qui existe entre les noms modernes et les noms anciens mentionnés dans la Table alimentaire, j'ai remarqué, par exemple, que les cantons ou *pagi*, *Albensis*, *Domitius*, *Herculanius*, qui ne pouvaient être éloignés de Véléia, d'après les indications de proximité fournies par le texte même du monument se trouvaient dans les contrées les plus arides et les plus montagneuses ; et c'est précisément dans ces *pagi* que l'estimation d'ensemble des fonds de terre l'emporte sur l'estimation partielle. J'ai observé de plus que le *pagus Floreius*, qui devait être aux environs de *Florentia* (la moderne Fiorenzuola), et que devait traverser la voie Emilienne, comme semble l'indiquer le mot *populus*, très-fréquemment employé dans l'énumération des propriétés limitrophes aux domaines de ce canton, donnait des résultats partiels beaucoup plus élevés que les valeurs d'ensemble. Or, ce *pagus* était situé dans la contrée la plus fertile du Parmesan ; pour le *pagus Ambitrebius*, qui était, comme son nom l'indique, sur les deux rives fertiles de la Trébie, mais qui devait s'étendre aussi sur les sommets improductifs formant, en partie, la ceinture du bassin de cette rivière, j'ai observé que l'estimation partielle est tantôt plus élevée que l'estimation d'ensemble, tantôt moindre : ce qui s'accorde parfaitement avec la nature, tantôt riche et verdoyante, tantôt âpre et désolée de cette contrée. Cette explication a été acceptée comme une hypothèse, il est vrai, mais comme une hypothèse très-probable, par MM. Borghesi, Henzen et Lopez.

J'ai cherché ensuite à retrouver la position, et, s'il était possible, les limites de quelques-uns des *pagi*, aussi bien que l'emplacement des *fundi*. J'avais, pour me guider dans ces recherches : 1° les inscriptions de *Minerva Cabardia*, qui nous indiquent, par le lieu même où elles ont été trouvées, la position exacte du fonds *Cabardiacus*, dans le *pagus Ambitrebius ;* 2° des noms aussi significatifs que celui même d'*Ambitrebius* et de *Vellejus* ; 3° la concordance des noms modernes des hameaux et des métairies, avec les noms anciens des *fundi*, ressemblance dont il ne faut pas abuser, toutefois ; car on trouve, en Italie surtout, un très-grand nombre de noms semblables ;

4° l'estimation des fonds de terre, indiquant, si mon hypothèse est vraie, que tel *pagus* est situé dans un canton fertile, stérile ou *mixte*, selon que l'estimation du détail l'emporte sur celle de l'ensemble, ou que le contraire a lieu, ou bien que les deux estimations sont balancées ; et 5° de bonnes cartes modernes. — Mais, avec ces éléments, je n'ai pu fixer d'une manière certaine que la position de sept *pagi* sur les trente-deux qui sont mentionnés dans l'*inscription*. Quant aux limites que j'ai assignées à quatre d'entre eux, je conviens qu'elles sont très-arbitraires, sauf peut-être pour le *pagus Ambitrebius*.

La quatrième partie de mon travail traite de l'inscription des Ligures-Bébiens : je n'ai pas à en parler ici.

Telle était, Monsieur le Ministre, dans mon ouvrage publié en 1854, la part de chacun et la mienne. C'est ce travail que j'étais chargé de compléter, cette année, en Italie.

Je diviserai le Rapport que j'ai l'honneur de présenter à Votre Excellence sur mes travaux dans le duché de Parme en cinq parties : 1° l'*estampage* de l'Inscription ; 2° les additions que j'ai faites à la bibliographie ; 3° les renseignements recueillis touchant l'inscription elle-même ; 4° ce qui est relatif au plan de Véléia et les conjectures qu'ont pu me suggérer mon séjour dans le pays et les études faites sur les lieux ; 5° l'énumération des objets les plus curieux trouvés à Véléia et les dessins que je rapporte de quelques-uns d'entre eux ; 6° mes recherches géographiques sur les divisions des cités de Véléia et de Plaisance.

I. *Estampage de l'Inscription alimentaire.* — Mon premier soin, en arrivant à Parme, a été d'obtenir l'autorisation de faire un estampage de l'Inscription trajane pour le mettre à la disposition de Votre Excellence ; car il n'existe pas de reproduction fidèle du plus considérable, et j'ajouterai du plus important de tous les monuments épigraphiques connus. Or, l'estampage est le seul moyen d'obtenir un véritable *fac-simile*. Aucun autre procédé ne saurait nous donner les signes divers qui se rencontrent sur la plaque de bronze et nous garantir l'exactitude du texte lui-même. M. de Lama a employé beaucoup de temps sans doute à faire un dessin en réduction de la Table de bronze, dessin auquel on a improprement donné le nom de *fac-simile*, car M. Lopez et moi y avons constaté de nombreuses erreurs. Le texte que j'ai publié est, à peu près, exempt de fautes. J'avais mis un grand soin, en 1852, à comparer l'original avec la copie imprimée de M. de Lama, la plus exacte qui eût paru jusqu'alors ; mais, malgré toute mon attention, j'ai reconnu depuis qu'une faute m'était encore échappée, et peut-être n'est-ce pas la seule. On a consenti à me laisser essayer les différents procédés qui m'étaient connus pour obtenir la reproduction la plus exacte possible. — Je prie Votre Excellence de souffrir que je saisisse cette occasion d'exprimer officiellement ici toute ma gratitude à M. le commandeur Lopez, pour son excessive complaisance, aussi bien que pour les importantes communications qu'il a consenti à me faire et les précieux conseils dont il a bien voulu m'honorer; j'aurai, d'ailleurs, à signaler plus d'une fois, dans le cours de ce Rapport, les services considérables qu'il m'a rendus.— Il ne m'a pas fallu moins de soixante-dix heures de travail pour obtenir un estampage complet de la Table alimentaire. Les difficultés de l'exécution ont été telles pour moi qu'elles m'expliqueraient comment on n'a jamais fait le fac-simile de ce monument, depuis plus de cent ans qu'il est découvert. Le résultat que j'ai obtenu, après plusieurs essais rendus infructueux par les aspérités du bronze, présente non-seulement avec fidélité les caractères de l'inscription, mais, si je puis ainsi parler, la physionomie du monument lui-même.

II. *Bibliographie.* — Mes recherches à la bibliothèque du Palais Farnèse ne m'ont révélé l'existence d'aucun ouvrage imprimé de quelque importance que je n'eusse mentionné dans mon travail; mais M. le commandeur Angelo Pezzana, le conservateur, a bien voulu me communiquer de précieux manuscrits concernant, sinon l'Institution trajane, du moins la cité de Véléia.

Je dois mentionner, 1° le grand manuscrit de Costa : *Raccolta dei monumenti di antichità che, col mezzo dei regi scavi, si sono tratti dalle viscere della città dei Veliati, con qualche rifflessione del conte canonico teologo della Piacentina chiesa,* Antonio Costa, *regio prefetto e direttore de Musei di S. A. R. — Tomo primo, riguardante le scoperte del MDCCLX.*

Pour comprendre tout l'intérêt qui s'attache à ce manuscrit, il faut se rappeler que l'infant D. Philippe, duc de Parme et de Plaisance, avait eu la pensée, en 1760, de faire fouiller le sol à l'endroit même où la Table alimentaire avait été découverte par deux laboureurs, au-dessous de la *Pieve de Macinesso.* Comme le nom de Véléia était mentionné, dans ce monument, plus souvent que celui des autres cités, il était possible que l'on découvrît, en ce lieu même, quelques vestiges de l'ancienne ville que Strabon et Pline ont citée dans leurs écrits, et que Cluvier déclarait *introuvable.* Peut-être a-t-on fait à l'Infant l'honneur d'une idée qui a bien pu lui être inspirée par son habile ministre Dutillot, grand ami des arts, et le plus capable de tous ceux qui ont administré le duché dans le siècle dernier.

M. Costa, chanoine de Plaisance, qui, avec son collègue, M. Roncovieri, avait réuni à grand'peine les fragments dispersés de la Table de bronze (vendue au poids, à Borgo-S.-Donnino et à Crémone, par ceux mêmes qui l'avaient trouvée), l'avait offerte à l'infant Don Philippe pour qu'elle fût placée au Palais Farnèse. Il fut nommé directeur des fouilles, qui commencèrent le 14 avril 1760. Les travaux furent poussés avec activité pendant toute cette année, et l'on ne tarda pas à découvrir le *Forum* d'une cité romaine, dans un état de conservation admirable, et qui ne peut se comparer qu'à celui des rues de Pompéi ; puis on mit au jour la basilique, les portiques, des édifices divers, des aqueducs, des inscriptions, des statues de marbre et de bronze, entre autres le célèbre *Hercule-ivre*, etc. M. Costa avait auprès de lui un artiste habile, M. Permòli, qui faisait les dessins des objets les plus remarquables au point de vue de l'art, ou les plus intéressants au point de vue de l'archéologie. On les envoyait, à mesure, à Parme, où, par les soins de M. Dutillot, ils étaient soigneusement placés dans le musée de la Pilotta.

Le manuscrit dont il s'agit renferme : 1° la *Préface*, qui n'est autre chose que l'historique des fouilles pendant le courant de l'année 1760 : — 2° un *catalogue* des dessins contenus dans ce volume ; — 3° un *journal* des fouilles où sont mentionnées jusqu'aux plus minimes découvertes ; — 4° les remarquables *dessins* de Permòli, dont la plupart sont d'une fidélité facile à constater en les rapprochant des objets mêmes conservés au Musée ; — 5° une *Dissertation* de M. Costa sur les plus curieuses inscriptions trouvées pendant l'année 1760.

Ce qui fait le prix de ce manuscrit, ce sont surtout les dessins de Permòli, qui sont d'autant plus intéressants qu'ils n'ont jamais été publiés, et que beaucoup d'objets trouvés à Véléia ne figurent plus au musée de Parme. Quelques-uns ont été perdus ; d'autres, distraits de la collection pour être offerts à M. de Caylus. J'ignore ce qu'ils sont devenus depuis ; mais il est probable que les possesseurs de ces antiquités, non moins curieuses que celles du Musée Borbonico, ignorent, pour la plupart, une *provenance* que le recueil de Costa peut seul constater (1).

Quant aux dissertations épigraphiques et archéologiques de l'auteur, elles m'ont paru trahir une inexpérience complète de ces étu-

(1) Plusieurs objets envoyés de Parme, à M. de Caylus, sont aujourd'hui à Paris dans la collection des petits bronzes du cabinet des médailles M. Lenormant m'a montré un recueil de dessins copiés de ceux de Permòli

des. Le chanoine Costa avait accepté une mission évidemment fort au-dessus de ses forces et pour laquelle il n'avait aucune préparation sérieuse. L'ignorance qui paraît dans ses dissertations n'est pas moindre que l'incurie que ses successeurs ont montrée dans la direction des fouilles; car, pendant les années suivantes, on ne prit pas même le soin de transporter les terres enlevées, à une distance suffisante, et une notable partie des premiers travaux, à l'ouest du *Forum*, fut recouverte par les déblais.

C'est vers cette époque que l'on chercha la cause de la disparition de l'ancienne cité romaine. Aucun écrivain n'avait parlé de ce fait extraordinaire. En examinant avec attention les lieux voisins, on comprit bientôt qu'entre les deux sommets qui dominent les ruines, le mont Rovinazzo et le mont Moria, il avait dû exister autrefois un lac, au fond d'une espèce de cratère de forme circulaire, dont une partie subsiste encore aujourd'hui. Les couches de terre situées au nord du lac, c'est-à-dire du côté même de Véléia, minées par l'action des eaux, ont dû se détacher un jour et couvrir de leurs décombres la ville entière. Les noms de *Rovinazzo* et de *Moria* ne sont même, à ce qu'il semble, qu'un souvenir populaire de ce tragique événement. Ainsi Véléia a péri par l'eau, comme Herculanum et Pompéi ont péri par le feu.

Le second volume *manuscrit* de Costa porte ce titre : *Raccolta di varj pezzi di antichità stati dissotterratti col mezzo dei R. scavi umiliata a S. A. R. il sig. Infante delle Spagne, D. Filippo Borbone, duca di Piacenza, Parma, Guastalla ; dal conte canonico teologo della Piacentina chiesa, Antonio Costa, R. prefetto e direttore de di lui musei. Tomo secondo, riguardante le scoperte degli anni MDCCLXI e MDCCLXII.*

Ce volume comprend : 1° une *dédicace* à l'infant Don Philippe ; — 2° le *journal* des fouilles pendant les deux années 1761, 1762 ; — 3° le *catalogue* des dessins ; — 4° un *plan de Véléia*, indiquant la circonscription des fouilles de chacune des trois années 1760, 1761 et 1762, et l'endroit où les objets les plus intéressants ont été trouvés : — 5° les *dessins* de Permòli.

Le troisième volume du même ouvrage *manuscrit* renferme les dessins des objets trouvés pendant les années 1764 et 1765 ; mais cette dernière partie du recueil n'a pas dû être faite en entier sous M. Costa, car il perdit son emploi de directeur des travaux dans le courant de l'année 1764, à l'époque de la disgrâce de Dutillot, son protecteur.

Les trois volumes de ce recueil, faits avec le plus grand soin comme exécution calligraphique et sous le rapport des dessins, ont été offerts à l'infant Don Philippe et étaient destinés à l'impression ; mais, à l'avénement de l'infant Don Ferdinand, on ne donna pas suite à ce projet de publication qui devait entraîner des frais considérables, surtout pour la gravure des planches. Le savant P. Paciaudi, conservateur de la bibliothèque de Parme, ne demeura pas étranger à l'opposition que rencontra M. Costa. Il prouva sans peine que les dissertations insérées dans cet ouvrage ne méritaient pas l'honneur de la publicité, et le manuscrit resta à la bibliothèque. M. Moreau de Saint-Méry, administrateur général du duché de Parme pour la France, de 1802 à 1806, emporta à Paris le travail inédit de Costa et de Permòli ; mais il le renvoya à Parme, sur les instances de M. Angelo Pezzana.

Il existe quatre autres manuscrits de Costa : 1° le *brouillon* de celui que je viens de citer, avec les croquis et les projets qui ont servi à Permòli pour exécuter les dessins, plus soignés, du recueil destiné à l'infant Don Philippe. Ce manuscrit est à la bibliothèque du musée des Antiques ; — 2° la répétition du premier volume du même ouvrage, écrit de la main de Costa (brouillon). Il se trouve à Plaisance et me fut communiqué par M. Bonora, archiviste de cette ville ; — 3° une quatrième répétition de ce même premier volume, écrit avec soin, mais en plus petit format (bibliothèque de la Pilotta) ; — 4° une explication donnée par M. Costa de la *Table* dite *législative* ou *Table de la loi Rubria*, qui fut trouvée dans le forum de Véléia.

Je dois aussi à M. le commandeur Pezzana la connaissance d'un recueil de différents ouvrages, articles (imprimés ou manuscrits), dessins, etc., qui ont été réunis par les soins de feu le président Bertioli et acquis, à sa mort, par la bibliothèque de la Pilotta. Ce recueil, en un seul volume grand in-f°, renferme : 1° des ouvrages imprimés qui m'étaient déjà connus et que j'ai mentionnés dans la *bibliographie* de mon travail (1854) ; — 2° une brochure *imprimée* (petit in-8°), sans date et sans nom d'auteur (14 pages), et dans laquelle le système de Pitarelli est combattu par de très-bonnes raisons. On voit, à la fin de la quatorzième et dernière page, ces mots, écrits sans doute de la main du président Bertioli : *Dal sig^e Giulia, D^re in medicina* ; — 3° un texte, imprimé, de la *Table législative*, par *Poggi* (1 seule feuille) ; — 4° divers fragments d'inscription (manuscrits) ; — 5° le *calque* découpé de la figure principale d'une jolie mosaïque (inédite) trouvée à Véléia, aujourd'hui détruite en partie (j'ai pu prendre un dessin de ce qui reste des bordures sur les lieux mêmes ; cela me permettra, avec le calque du recueil

Bertioli, de la restituer en entier) ; — 5° deux lettres, *manuscrites*, de *Poggi :* 26 et 28 pages ; la date de l'une est le 2 septembre 1793 ; — 6° *dessins*, très-imparfaits, de quelques objets trouvés à Véléia ; — 7° *cartes géographiques* modernes du duché de Parme (manuscrites), parmi lesquelles il en est une qui donne, mais sans indication de limites, quelques-uns des vicariats des diocèses de Parme et de Plaisance ; ce qui prouve que, dans la pensée du président Bertioli, on devait trouver, dans les divisions des vicariats, des indices précieux pour reconstruire les *pagi* des anciennes cités ; — 8° un dessin, *fac-simile*, non calqué, et, par conséquent, d'une exactitude douteuse, de la *Table trajane* (travail inachevé ; le tiers, à peu près, est fait) ; — 9° un très-beau dessin, au crayon, de la statue drapée trouvée à Véléia, et désignée sous le nom de statue d'Agrippine (sans tête, *marbre*), par Pietro Martini, de Parme, 1765) ; — 10° quatre pages d'impression, sans nom d'auteur, avec ce titre : *Copia di una lettera scritta ad un lettore pubblico dell'università di Bologna, da un cittadino Parmigiano. Parma*, 21 *giugno*, 1761. — *Bologna, stamperia, di Roberto Belvedere.* L'auteur de cette lettre parle avec une sorte d'enthousiasme du résultat des premières fouilles faites dans la basilique de Véléia.

M. le commandeur Pezzana, qui a bien voulu m'indiquer différents passages que j'ignorais et qui sont relatifs à la *Table alimentaire*, dans des ouvrages, d'ailleurs étrangers au sujet lui-même, m'a signalé, en outre, deux omissions plus importantes dans la partie bibliographique de mon travail : 1° *Corezzioni degli errori del Muratori intorno la sua edizione della tavola trajana*, dal sig^e *abbate Mazza.* Cet ouvrage est cité par M. Pezzana lui-même dans *Le Memorie degli scritti e lett. Parmigiani* (p. 315, V, t. VII) et par M. de Lama. — 2° Le même dom André Mazza, abbé des Bénédictins et conservateur de la bibliothèque de la Pilotta à la fin du siècle dernier, a écrit, en 1789, une lettre demeurée inédite (dont le manuscrit est dans la bibliothèque de Parme), adressée au P. Affò. Je dois à l'extrême obligeance de M. Pezzana d'en posséder une copie. Cette lettre est d'un très-grand intérêt parce qu'elle prouve qu'en 1789, des savants, comme le P. Dom André Mazza, avaient une idée très-juste de l'institution trajane ; elle renferme, de plus, une remarquable et éloquente réfutation du système de Pitarelli et de quelques-unes des erreurs de Cara.

J'ai trouvé ensuite, dans les archives manuscrites que M. Lopez a mises à ma disposition, de curieux renseignements sur l'histoire des fouilles de Véléia.

En 1764, le chanoine Costa a été remplacé dans la direction des travaux par Ambrogio Martelli. Les fouilles furent continuées comme en témoigne la correspondance officielle de ce dernier, de 1764 à 1765. Interrompues ensuite jusqu'à l'année 1776, elles furent reprises et poursuivies, de nouveau, jusqu'en 1781, inclusivement (lettres de 1776 à 1781). A. Martelli avait pour dessinateur un certain Buzzini qui doit être l'auteur du plan, gravé, de Véléia publié en 1765 (très-inexact). — En 1778, il faut placer une lettre du ministre Canossa (20 octobre), adressant au P. Paciaudi, directeur du Musée, la liste des objets récemment trouvés à Véléia.

Les travaux n'ont été repris que sous les Français, lorsque M. Moreau de Saint-Méry était administrateur général. On conserve, dans les archives, les rapports qui lui sont adressés par Bonzi, directeur, et Rocca, surintendant des fouilles. Ces rapports indiquent très-clairement la portion de Véléia qui a été découverte à cette époque. Les travaux furent poursuivis pendant les années 1803, 1804 et 1805. — En 1806, M. Moreau fut rappelé. Sous l'administration de M. Nardon, le premier préfet du département du Taro, puis sous le gouvernement militaire et transitoire de Junot et de Pérignon, enfin, sous les deux préfets, MM. Dupont et Delporte, les fouilles de Véléia furent abandonnées.

De 1816 à 1827, sous Marie-Louise, on trouve, comme directeur, un certain chanoine nommé Casapini dont la correspondance ne présente pas d'intérêt parce qu'il n'y eut pas de travaux entrepris.

En 1827, M. Lopez, beaucoup plus capable que M. Casapini de remplir l'emploi de directeur, en accepta les fonctions gratuites sans vouloir que son prédécesseur fût privé de son titre et des avantages qui y étaient attachés et dont il eut la jouissance jusqu'en 1841, époque de sa mort. M. Lopez dirigea donc, seul, tous les travaux. Sa correspondance remplit tout l'intervalle de 1828 à 1857. Elle est surtout intéressante pour les années 1841, 1842, 1843 et 1846, pendant lesquelles on reprit les travaux si longtemps interrompus. Ils n'amenèrent cependant aucun résultat très-important; mais on trouva des inscriptions, des fragments curieux de poteries dont je n'ai vu nulle part ailleurs de types analogues, enfin des monnaies en grand nombre. La correspondance de 1847, époque de la dernière visite que M. Lopez fit à Véléia, relève quelques inexactitudes dans les plans dessinés avant lui. Elle indique de plus que le travail topographique est à refaire presque en entier et qu'il n'existe pas de plan exact de Véléia.

J'ai trouvé encore, dans la bibliothèque du Musée des antiques, un carton de dessins comprenant différents projets manuscrits des plans du *forum* et de la ville. J'ai remarqué surtout, outre la carte gravée en 1765 et le plan manuscrit de Costa, cité plus haut : 1° un plan manuscrit de Buzzini, dessiné par Goffrini. Il a sans doute servi d'élément à celui qui a été construit sur une plus grande échelle et qui figure sur un des murs de la bibliothèque du Musée des antiques; — 2° un plan manuscrit indiquant seulement les fouilles faites sous M. Moreau de Saint-Méry (25 août 1804), par Giuseppe Roca, géomètre : — 3° un plan manuscrit mis au net par le géomètre Benassi, 1816, avec les environs de Véléia, par le même; — 4° différents projets de Voghera qui est mort avant d'avoir publié son travail (d'ailleurs inexact); — 5° différents brouillons faits sous M. Casapini; — 6° les deux éditions de l'ouvrage, très-inexact, d'Antolini, 1819 et 1823, avec planches (je les ai citées dans ma bibliographie en 1854). Cette publication est la plus complète qui ait paru sur la topographie de Véléia ; mais les mesures sont fausses presque partout, le plan des édifices est arbitraire. M. Antolini était architecte et fort peu archéologue. Il paraît s'être préoccupé surtout de faire des *restitutions ;* aussi son ouvrage pourrait-il servir de *projet* s'il s'agissait de réédifier Véléia; mais il ne saurait donner la moindre idée de la disposition réelle des ruines telles qu'elles sont aujourd'hui. Il faut même croire que ces plans ont été dessinés par ses élèves et loin de sa surveillance, car il est impossible de donner une plus grande part à l'invention dans un genre d'étude qui en comporte si peu.

Il existe encore à Plaisance un autre plan manuscrit de Véléia, dressé par un architecte italien, M. Péraud. M. le comte Pallastrelli en possède le double. Je n'ai pu voir ni l'un ni l'autre; car je n'ai été instruit de leur existence qu'à l'instant où j'allais quitter Plaisance et lorsque mon travail était déjà fait à Véléia.

Je dois signaler à Votre Excellence, en terminant cette liste, quelques ouvrages manuscrits qui m'ont été communiqués par M. le comte Pallastrelli. Je ne mentionnerai qu'en passant une carte hypothétique de la position des *pagi* de la Table alimentaire, par Nicolli, auteur de deux ouvrages que j'ai cités dans ma bibliographie et dans lesquels se trouvent des explications géographiques et philologiques relatives à l'inscription trajane. Cette carte manuscrite est tellement confuse que je n'ai pu me rendre compte du système adopté par l'auteur. Mais il est une autre communication de M. le comte Pallastrelli qui a une grande importance à mes yeux. C'est une carte manuscrite de l'année 1605, donnant les divisions du diocèse de Plaisance avec les limites des vicariats. J'ai obtenu du possesseur de ce document la permission d'en prendre le calque. J'aurai l'honneur d'exposer bientôt à Votre Excellence quel intérêt peut avoir cette carte pour les recherches relatives aux anciennes divisions des cités de Plaisance et de Véléia. Je dois enfin à la confiante hospitalité de M. Pallastrelli la connaissance de deux ouvrages manuscrits dont il est l'auteur, qu'il se propose de publier incessamment et dans lesquels il traite subsidiairement, mais avec une certaine étendue, les questions qui se rattachent à l'étude de la *Table alimentaire*. L'un de ces travaux a pour objet l'histoire des monnaies de Plaisance. L'auteur a fait de savantes recherches sur la valeur du sesterce, dans ce pays, à l'époque de Trajan. Votre Excellence appréciera le motif qui m'empêche de toucher à cette question et de modifier ce que j'ai dit à cet égard en 1854, tant que l'ouvrage de M. Pallastrelli ne sera pas publié. D'ailleurs les résultats généraux obtenus par M. le comte Borghesi, sur ce point, sont de nature, quant à présent, à satisfaire les plus exigeants. — L'autre ouvrage est une petite monographie, très-curieuse, sur un personnage dont parle Tacite comme étant natif de Verceil, et que le scoliaste fait naître à Plaisance. M. Pallastrelli rappelle que, d'après la *Table alimentaire*, il existait un *pagus Vercellensis* dans la cité de Plaisance, ce qui a pu, selon lui, occasionner l'*erreur* de Tacite et ce qui justifierait l'opinion du scoliaste. J'ai eu l'honneur de lui représenter, en tenant compte de ce que l'hypothèse dont il s'agit avait d'ingénieux, que Tacite et le scoliaste pouvaient bien ne s'être trompés ni l'un ni l'autre ; car il est hors de doute que Plaisance possédait des terres très-voisines de Verceil, ainsi que je l'ai établi à la page 65 de mon travail en latin (*de Tabulis alimentariis*), me fondant sur un passage de Strabon qui me paraît décisif. — M. Pallastrelli a bien voulu me permettre de prendre copie de la petite carte manuscrite qui doit accompagner sa brochure et qui indique les lieux modernes (voisins de sa villa de Centovera) correspondant avec les fonds du *pagus Vercellensis* mentionnés dans la *Table*.

III. *De l'institution alimentaire.* — J'aurai l'honneur de faire remarquer à Votre Excellence que, bien qu'une partie de ma mission portât sur les recherches relatives à l'institution elle-même, qui est assurément le point le plus important de toutes ces études, il y a peu de choses à ajouter aux travaux de MM. Borghesi, Henzen et des autres savants, d'après lesquels j'avais traité cette question dans la deuxième division de mon travail. Ce n'était guère que dans les conversations que je pouvais avoir avec eux qu'il m'était permis de puiser de nouvelles lumières. Ce secours ne m'a pas manqué auprès de MM. Pezzana et Lopez, à Parme, — Pallastrelli, à Plaisance, —Borghesi, à Saint-Marin,— Henzen, Visconti et de Rossi, à Rome. Mais les conseils de ces hommes éminents ou distingués, sans rien modifier aux faits déjà acquis à la science, me permettront seulement, après une étude plus approfondie des inscriptions concernant les magistratures alimentaires, d'ajouter quelques détails nouveaux à ceux que j'ai donnés sur l'organisation et le mécanisme de cette grande institution. Déjà M. Léon Renier m'avait prêté l'appui de son expérience sur ce point délicat de la question. Ce n'est qu'en France que je pourrai compléter, à loisir, cette partie de mon travail sur l'administration alimentaire; car l'objet de l'institution et son histoire ne laissent rien à désirer aujourd'hui; c'est donc dans le Mémoire que je prépare sur *la Table alimentaire et la cité de Véléia* que ces nouvelles additions pourront trouver place.

IV. *Excursion à Véléia et topographie des ruines.* — Après avoir étudié à Parme tout ce qui avait rapport à Véléia, j'ai voulu visiter les ruines de cette cité. Je me suis donc rendu à Plaisance, dont la ville romaine n'est distante que de 20 ou 21 milles. Une route très-accessible aux voitures conduit un peu au delà de l'endroit appelé *Castel-Badagnano*, au nord du *Castel-Olmetto*, à 5 ou 6 milles environ de Véléia. A partir de ce point, il n'existe plus de route : il faut remonter le lit, desséché pendant les trois quarts de l'année, du torrent Chero, qui offre entre ses deux bords très-escarpés, et le plus souvent formés de rochers, une large surface remplie de pierres, absolument impraticable aux voitures, et, en beaucoup d'endroits, aux chevaux eux-mêmes. A très-peu de distance du lieu où se voient des feux naturels de gaz hydrogène, sur lesquels le célèbre Volta a fait un Mémoire, et qui brillent au loin, comme des phares, pendant la nuit et au crépuscule, on abandonne le Chero et l'on commence à gravir, à gauche, l'Apennin, par un chemin pierreux, près du lit du Riolo qui forme, l'hiver, un affluent du torrent qu'on vient de quitter. Après avoir parcouru un mille environ par une pente assez rapide, on arrive à Véléia et à la petite église de Macinesso qui en domine les ruines. C'est donc à un mille à l'est du Chero, sur les flancs de l'Apennin, au-dessous des monts Rovinazzo et Moria, que se trouve située Véléia. Une autre route y conduit, qui est accessible aux chevaux; mais elle est beaucoup plus longue : elle part de la voie Emilienne à Fiorenzuola. Après les difficultés et les fatigues inouïes que j'ai éprouvées pendant cinq heures de marche dans les rochers du Chero, je n'ai pas été surpris d'apprendre du *custode*, qui est, avec le prêtre de la *pieve*, le seul habitant de la colonie romaine, que j'étais le premier Français qui fût venu visiter ces ruines depuis 1815. Grâce à l'obligeance de M. Lopez, qui avait donné ordre au *custode*, par une lettre dont j'étais porteur, de mettre à ma disposition la petite maison construite pour le directeur, au sud-ouest du *forum*, j'ai pu séjourner cinq jours entiers dans ces lieux inhospitaliers.

Ce qui m'a frappé tout d'abord en arrivant à Véléia, c'est l'admirable vue dont on jouit de ce coteau de l'Apennin et la situation pittoresque de la ville romaine, construite en amphithéâtre sur un sol incliné, présentant une suite de terrasses embellies de portiques d'où l'on découvrait la vallée. De trois côtés, la vue est bornée par l'Apennin et les deux chaînes de collines élevées qui s'en détachent pour former la ceinture du Chero. Au nord, ces collines s'élargissent et s'ouvrent sur la plaine du Pô, couverte de terres fertiles, de pâturages et de vergers. Au delà du fleuve, on distingue Crémone au milieu de la riche Lombardie, et à 40 lieues de là, le paysage est fermé par la neige des Alpes. C'est assurément une des vues les plus belles et les moins connues de l'Italie. On peut s'étonner qu'Antolini et tous ceux qui ont écrit sur Véléia n'en aient pas parlé ; car le magnifique panorama que l'on découvre de certaines parties de la colline n'est pas une chose indifférente pour la direction à donner aux fouilles, si nous nous rappelons à quel point les Romains étaient curieux des belles vues, et combien ils se montraient délicats dans le choix des sites où ils élevaient leurs habitations.

J'ai trouvé, dans la *casa* du directeur, le plan gravé en 1765, l'ouvrage d'Antolini et les dessins de Voghera. Il m'a été facile de me convaincre, sur les lieux mêmes, ainsi que M. Lopez me l'avait annoncé, de l'inexactitude incroyable de tous les travaux existants Je me suis donc mis en devoir de prendre toutes les mesures, de lever un plan complet de la ville et de faire les dessins des objets les plus remarquables. Il ne m'a pas fallu moins de cinq jours entiers pour accomplir ce travail.

Mon séjour à Véléia m'a suggéré quelques observations toutes personnelles que je prendrai la liberté de soumettre à Votre Excellence. — C'est une opinion généralement répandue à Parme que Véléia avait peu d'importance. En effet, les dimensions du *forum*, d'après lesquelles on peut se faire ordinairement une idée de l'étendue d'une cité, sont très-restreintes, puisque l'*area* ne donne que

$32^m,60$ de longueur, sur $17^m,08$, sans comprendre le portique. En outre, il semble que la ville ne dût pas s'étendre à l'ouest, où se trouve, à très-peu de distance du *forum*, le torrent Riolo ; — à l'est, les fouilles opérées sous l'administration de M. Moreau de Saint-Méry ont probablement mis au jour, de ce côté, les dernières maisons importantes, la pente de plus en plus rapide du terrain dans cette direction n'ayant guère dû permettre de construire des habitations au delà. Au nord du *forum*, on n'a rien trouvé au-dessous des ruines découvertes dans les années 1761 et 1762. Ce ne serait donc, dans l'opinion vulgairement adoptée, que dans la partie méridionale, au-dessus de l'église, que l'on pourrait encore faire des fouilles fructueuses. M. Lopez a fait pratiquer des sondages du côté de l'amphithéâtre, et, plus au sud encore, ils n'ont rien produit. Cependant, il me paraît impossible que le centre de la ville de Véléia soit découvert ; j'ajouterai même que les quartiers principaux, les théâtres, les temples, les plus beaux édifices publics et privés sont encore sous la terre. Voici sur quelles raisons je fonde cette opinion :

1° La fameuse inscription trajane, trouvée sur l'emplacement de la basilique de Véléia, est déjà un témoignage en faveur de l'importance de cette cité : 51 propriétaires hypothèquent leurs terres à l'empereur ; un grand nombre de ces fonds sont situés dans le territoire de Plaisance, et cependant c'est à Véléia que le contrat a été passé, et que le titre est resté exposé. Il nous apprend que 300 enfants pauvres étaient nourris avec l'intérêt de la somme prêtée par Trajan ; or, ce nombre de 300 est très-considérable, si nous nous rappelons que l'Etat n'avait pas à secourir les esclaves qui étaient entretenus par leurs maîtres et étaient hors de la cité. Il s'agit donc seulement ici des enfants pauvres de condition libre. Nous ferions un faux rapprochement si nous mettions en comparaison de ce chiffre celui des nécessiteux de nos cités modernes pour établir une proportion entre le nombre des pauvres et l'importance d'une ville aux deux époques. Il faut ajouter qu'il n'est pas probable qu'il n'y eût à Véléia d'autres pauvres que ces 300 enfants secourus par la munificence impériale ; nous voyons, par les inscriptions, que, dans la plupart des cités de l'Italie, les riches particuliers faisaient des largesses et même des fondations perpétuelles en faveur des pauvres de leur municipe. Il en était, sans aucun doute, de même à Véléia. Nous ne voyons donc figurer dans le contrat impérial qu'une partie plus ou moins considérable des pauvres du municipe. Or, une ville romaine qui a plus de 300 enfants pauvres, c'est-à-dire plus de 150 familles pauvres de condition libre, ne peut avoir été d'une importance secondaire.

2° L'inscription trajane n'est pas la seule qui rappelle des engagements hypothécaires parmi celles qui ont été trouvées à Véléia. Il existe plus de 15 fragments de tables de bronze, tous d'épaisseurs différentes, appartenant, par conséquent, à des monuments divers. La plupart de ces fragments paraissent, d'après la forme des caractères, être à peu près du même temps. Les formules qu'on y remarque, analogues à celles de la Table alimentaire, permettent d'affirmer qu'il y avait à Véléia un grand nombre d'obligations hypothécaires. Peut-être n'était-ce, il est vrai, que des engagements privés et n'ayant aucun rapport avec l'assistance publique; mais ils ne témoignent pas moins, par le développement considérable de l'usage des hypothèques, du nombre des propriétaires de cette cité.

3° Le torrent Riolo, qui est à l'ouest, est évidemment d'une formation postérieure à la catastrophe qui a enseveli Véléia. La surface du sol ayant changé, l'eau torrentielle s'est creusé une pente nouvelle. Ce qui prouve d'ailleurs que ce torrent n'indique point la limite de Véléia de ce côté, c'est que l'ancien plan de Costa atteste que les fouilles faites au delà du Riolo, à l'ouest, ont mis au jour plusieurs monuments, recouverts aujourd'hui, parce que ces terres ont été rendues à la culture et ne se trouvent pas dans le domaine acquis par l'Etat. Antolini avait déjà fait cette remarque sur le Riolo, et M. Lopez l'admet comme très-fondée.

4° Le *forum* n'atteindrait pas, j'en conviens, des dimensions proportionnées à l'extension que je suppose à la ville de Véléia ; mais ce n'était probablement pas le grand *forum* central, et il pourrait être assimilé, comme importance, au forum triangulaire de Pompéï. Pourquoi vouloir que, dans une ville romaine, il n'y ait pas eu, comme dans nos villes modernes, plusieurs places publiques? L'exemple de Pompéï n'est-il pas concluant? Mais à quel signe distinguera-t-on le *forum principal* des places secondaires? — Je répondrai : à un signe certain : au caractère religieux des édifices qui l'entourent. Il est sans exemple que le *forum* central d'une ville romaine n'ait pas de temples ou n'en ait qu'un seul ; or, de tous les monuments qui entourent le *forum* de Véléia, il n'y en a qu'un qui ait pu servir de temple, et encore ses dimensions sont-elles très-restreintes ($10^{m},50$ de profondeur, sur $8^{m},45$ de façade). Il est remarquable que sur le *forum triangulaire* de Pompéï il n'existe également qu'un seul temple : celui de Neptune. Mais sur le forum central, il y en a quatre : ceux de Vénus, de Jupiter, de Mercure et d'Auguste. Deux d'entre eux avaient des proportions considérables. On y voit, de plus, la curie, l'édifice d'Eumachia, etc. Rien de semblable sur le petit *forum* de Véléia : d'un côté, des boutiques, et des trois autres, de petits monuments qui ont dû servir aux *offices* publics. L'un d'eux doit nous frapper par ses proportions : c'est la basilique qui dépasse de beaucoup en étendue l'*area* du *forum* lui-même ; car, en comprenant seulement le vestibule de l'est ou *chalcidique*, elle mesure 41^{m} sur 12^{m},70. Les statues des décurions et celles de la famille des premiers Césars ont été trouvées dans cette basilique. C'est là qu'était exposée la *Table alimentaire*, et, très-probablement, la *Lex Rubria* qui a été trouvée, à très-peu de distance, sur l'*area* du *forum*. Comment se fait-il que cette basilique soit plus grande que celle de Pompéï, et se trouve si peu en harmonie avec les proportions restreintes de la place publique ? — Qu'était-ce ensuite que ces deux grandes tables de marbre avec des bancs de chaque côté, et situées sur le *forum* au milieu de la double rangée de portiques ? Il n'existe nulle part ailleurs, dans les cités romaines, de monuments analogues, et l'on a reconnu, je crois, leur vraie destination lorsqu'on les a désignées sous le nom de *Tables numilaires* : c'est là que se payait l'impôt aux agents du questeur (Tite-Live, l. VII, 21, et l. XXIII, 21), et, sans doute aussi, l'intérêt à 5 p. % des sommes prêtées par l'empereur, sur hypothèques, aux propriétaires de Véléia (Table alimentaire) : en un mot, c'est sur ces tables que devaient s'acquitter toutes les redevances au fisc et se verser les deniers destinés au trésor municipal. Un usage traditionnel, qui s'est conservé en Italie jusqu'à nos jours, ne doit plus nous laisser de doute sur la destination de ces monuments. Les fermiers viennent s'acquitter encore aujourd'hui de leurs redevances, à la maison de leurs *patrons*, sur des tables de pierre semblables à celles de Véléia. Il en existe une consacrée à cet usage dans une propriété particulière, près du Ponte-Molle, à 3 milles de Rome. — Les bâtiments, situés à l'ouest du *forum*, par leur richesse, leurs pavés de marbre et leurs statues, placées de chaque côté des portes, sous les portiques, donnent à penser qu'ils ne pouvaient servir de boutiques ; c'étaient probablement les *offices* du questeur : il est impossible d'y voir des habitations : car ils ne présentent aucune des dispositions des maisons romaines. Enfin, il est une dernière circonstance qu'il ne faut pas négliger : on lit encore, en grande partie du moins, une inscription gravée dans la pierre, dans le sens de la largeur du *forum*, et qui conserve des vestiges annonçant que le corps des lettres était rempli par des lames de bronze. Cette inscription nous apprend qu'un certain Lucius Lucilius Priscus, de la tribu Galeria, a fait faire, à ses frais (*de sua pecunia*), l'*area* du *forum* en pierres de tailles régulières.—Il résulte, pour moi, de tout ce qui précède, que cette petite place n'est pas le véritable *forum central*, ayant des temples, une curie, des tribunaux, etc. ; mais bien un forum secondaire par son étendue et son importance, et qui, toutefois, n'aurait à mes yeux qu'un plus grand intérêt scientifique : car il nous révélerait un fait que je crois nouveau dans la science archéologique ; la destination de ce petit *forum* aurait été toute spéciale, et on pourrait le désigner sous le nom de *forum du questeur* ou *forum des finances*. Là aurait été aussi la *Bourse*. La grande basilique, qui occupe à elle seule presque autant de place que tous les autres édifices publics, était et devait être en effet le monument le plus considérable d'une place réservée aux finances, puisque c'était dans les basiliques que se traitaient toutes les affaires commerciales. Les *Tables numilaires*, par la position même qu'elles occupent, semblent indiquer que cette place était consacrée au questeur ; enfin, l'*area* du *forum* a été pavée par la générosité d'un particulier, ce qui lui ôte encore le caractère d'un lieu central de réunion. Toutes les inscriptions de bronze trouvées dans ce *forum*, en y comprenant les fragments dont j'ai parlé plus haut, ont rapport aux finances. Il est digne de remarque qu'on a conservé à Véléia, jusqu'à la fin du troisième siècle, les deux grandes tables de bronze, dont l'une, la *Lex Rubria*, n'était déjà plus, à l'époque des premiers Césars, qu'une lettre morte depuis les règlements d'Auguste, et dont l'autre, la *Table alimentaire*, ne pouvait plus avoir aucun effet, l'institution trajane ayant péri après Alexandre Sévère, et la ruine de Véléia devant avoir eu lieu dans les derniers temps du règne de Probus, puisque le monument le plus récent date de cet empereur, et qu'on n'a pas même trouvé un souvenir de Dioclétien et de ses successeurs. A quoi bon conserver, dans un lieu public, les textes d'une loi abolie et d'un contrat périmé ? — C'est que ces deux monuments avaient trait aux matières de finances et trouvaient naturellement place, au moins comme souvenirs, dans un lieu réservé spécialement aux affaires du commerce et du fisc. La loi *Rubria* était un précieux témoignage de la sollicitude de Rome pour les peuples de la Cisalpine, au temps de la république ; le contrat de Trajan rappelait une belle institution, regrettée sans doute, et l'on avait voulu en conserver la mémoire en plaçant l'inscription dans la *Bourse* de Véléia. Ainsi, de même qu'on trouve dans les cités romaines des places publiques affectées aux différents marchés :

forum boarium, forum olearium, forum piscarium, etc., Véléia nous fournirait l'exemple d'un *forum des finances*. D'ailleurs, dans les camps romains qui ont souvent servi, quant à la disposition générale, de modèle aux fondateurs des colonies, comme à Augusta-Prætoria, par exemple, il y avait, comme on sait, près de la tente du questeur, une *area* spacieuse où se faisaient les distributions de vivres et où se payait la solde : c'était comme un véritable *forum du questeur*, qui a très-bien pu donner l'idée de faire des places publiques analogues dans les cités fondées aux derniers temps de la république. J'aurai occasion de montrer bientôt que Véléia était un grand centre de commerce, et qu'on y voyait prospérer une branche d'industrie qui était fort répandue chez les Romains. On comprend dès lors comment les dieux étaient absents d'un *forum* où l'on ne traitait que les affaires d'argent..... Je me trompe ; un seul devait être présent ; aussi n'y voyons-nous qu'un temple, peut-être celui de Mercure.

5° L'amphithéâtre découvert n'est pas le véritable, et il suffit, pour s'en convaincre, d'en examiner les ruines et de les mesurer. L'*arena* des combattants a 37 mètres dans le sens de la longueur de l'ovale, et 25 mètres 50, dans le sens de la largeur. La plus grande profondeur des murs de soubassement des gradins est de 8 mètres seulement, et l'on trouve, à 2 mètres plus loin, des habitations romaines. Nous aurions donc des gradins dont le rayon, depuis l'*arena*, serait de 10 mètres au plus, lorsque l'arène elle-même en aurait 37 ; c'est-à-dire qu'elle serait près de quatre fois plus longue que le rayon des gradins, résultat qui serait tellement contraire à toutes les règles, que je n'hésite pas à le déclarer impossible. L'arène du Colisée de Rome a, d'après Nibby, 420 palmes de long sur 268 de large, et la profondeur des gradins est de 270 palmes. Les mêmes proportions se retrouvent à Nîmes, à Arles, à Vérone, à Pompéï, partout, en un mot; car c'est une règle constante que la profondeur ou le rayon des gradins depuis l'enceinte de l'*arena* soit au moins égale au plus petit diamètre de l'ovale du milieu. En *restituant* sur le papier l'amphithéâtre de Véléia, comme l'a fait l'architecte Antolini sur l'emplacement des ruines et sans empiéter sur les constructions voisines, on a une profondeur de gradins trois fois plus petite que le plus petit diamètre de l'ovale. Cela ne pouvant avoir lieu, il en résulte que cet amphithéâtre était abandonné au temps de l'événement, qu'on avait pris les pierres des substructions et des gradins pour bâtir des maisons sur l'emplacement même des soubassements détruits, et qu'il faut sans doute chercher ailleurs, sous la terre, l'*amphithéâtre nouveau*, comme le *forum*, les théâtres, les temples et la curie.

6° On a trouvé parmi les ruines qui dominent la basilique une habitation où se sont conservées les traces d'un luxe semblable à celui des belles maisons de Pompéï : *atrium*, avec portiques, *cavædium*, *tablinium*, etc. Cette maison pourrait s'appeler aussi *maison du sanglier*, ou plutôt de la *laie ;* car on y voit encore, ainsi que je l'ai dit plus haut, les débris d'une mosaïque qui représentait une laie au milieu ; sur les côtés, de petits dauphins, et aux quatre angles, une feuille de houx. Il est peu probable que cette habitation ait été la seule où respirât cette élégance de bon goût dont les Romains avaient le secret. L'établissement de bains qui est à l'ouest est très-vaste et l'on y trouvait tout le *confortable* que les mœurs raffinées de la haute société du troisième siècle pouvaient exiger. Le *sudatorium* est de tous ceux que j'ai vus celui qui fait le mieux comprendre le système de chauffage employé par les Romains pour produire la température élevée de la salle. On s'expliquerait difficilement comment un établissement de bains aussi complet aurait été construit dans une petite ville sans importance et sans luxe.

7° On n'a trouvé nulle part les murs de la ville, par conséquent, nulle part de tombeaux ni de grandes voies ; or, il devait certainement y avoir plusieurs voies partant de Véléia. Il en existait, sans aucun doute, une vers Plaisance, une autre vers Parme, une troisième vers le Sud, qui devait joindre la voie Aurélienne de l'autre côté de l'Apennin : j'ai donc été induit en erreur par le chanoine Cara lorsque j'ai indiqué sur ma carte cinq routes s'éloignant de Véléia, comme si elles existaient réellement. Je demanderai maintenant comment on peut avoir la moindre idée de l'étendue d'une ville romaine dont on n'a encore découvert ni les murs, ni les portes, ni les voies, ni les temples, ni les théâtres, ni la curie, ni le *forum*, ni l'amphithéâtre, ni les maisons principales ? — Je crois qu'on peut conclure de tout ce que je viens de dire que Véléia est encore sous la terre et que le peu qu'on en a découvert doit seulement nous inspirer le plus ardent désir de connaître tout ce qu'on ignore.

M. Lopez, que j'ai trouvé d'abord attaché à l'idée que Véléia avait peu d'importance, a paru touché des raisons que j'ai eu l'honneur de lui soumettre. — Le premier mot de M. Borghesi, dès qu'il eut entendu mes explications, a été celui-ci, et je tiens à le rapporter textuellement à Votre Excellence : « Je crois que Véléia était beaucoup plus importante que Pompéï. » — M. Pietro Ercole Visconti, dont j'ai voulu aussi connaître l'opinion sur ce point, est dans le même sentiment : il a ajouté que non-seulement Véléia devait être plus grande que Pompéï, mais qu'elle devait présenter plus d'intérêt sous le rapport archéologique ; car elle a vécu deux siècles de plus. En effet, si la plupart des objets trouvés à Pompéï ont plus de mérite au point de vue de l'art et du bon goût que ceux de la très-petite portion de Véléia qui est découverte, c'est que la première n'a pas traversé l'époque de la décadence. La seconde nous présente les curieux éléments de l'histoire de cette décadence dans l'art, sans toutefois que les monuments de la grande époque fassent défaut. L'Hercule ivre est au moins égal, pour le style et la science du *modelé*, au Faune du Musée Borbonico ; l'Apollon et le Bacchus marquent le premier déclin, et, enfin, les mosaïques rappellent le temps de Caracalla et d'Alexandre Sévère. — J'examinerai, en terminant, cette partie de mon rapport, deux questions : Serait-il 1° productif pour la science et 2° dispendieux pour le budget du duché de Parme de faire continuer les fouilles ? — La première de ces deux questions me paraît déjà résolue. Véléia, dont on n'a découvert qu'une très-faible partie, nous a révélé un grand nombre de faits importants et de particularités intéressantes sur les usages publics et privés des Romains ; de plus, des inscriptions uniques, trouvées parmi ces ruines, ont répandu un jour inattendu sur une des plus belles institutions de l'antiquité, sur la philologie, sur la géographie, enfin sur les lois de la république. L'art même tient une place importante dans les objets tirés de cette cité : quels trésors ignorés ne livreraient pas à l'archéologie des fouilles habilement dirigées ! — Quant à la seconde question, je crois être obligé de déclarer, en conscience, que ces travaux seraient sans doute plus dispendieux qu'à Pompéï ; car si, en tenant compte des considérations énoncées plus haut, on dirige les fouilles du côté où devait se trouver le quartier riche, c'est-à-dire vers le point où les portiques et les terrasses des maisons devaient avoir la plus belle vue sur la vallée, on se rapprochera de plus en plus du sommet du Rovinazzo, et, par conséquent, on devra rencontrer une couche de terre de plus en plus épaisse. Cependant cette couche est peut-être profonde seulement dans les enfoncements des terrasses, tandis que, dans les lieux où la pente était brisée à angle droit par le plan vertical des maisons et des portiques, la terre a dû glisser dans l'éboulement sans pouvoir s'y arrêter ; par conséquent, en opérant différents sondages, on doit rencontrer plusieurs points saillants, sans doute presque à fleur de terre, en bien des endroits. — J'ai eu l'honneur de soumettre ces considérations à S. A. R. Madame la duchesse de Parme qui, malheureusement, malgré l'intérêt éclairé qu'elle daigne prendre à ces belles études, se trouve dans l'impossibilité d'étendre les ressources de son budget à des dépenses imprévues. C'est à grand' peine qu'elle peut faire poursuivre les travaux déjà commencés et en cours d'exécution, comme l'œuvre du célèbre Toschi, qui a légué, en mourant, à ses élèves le soin d'achever la gravure des fresques du Corrége dont l'original s'efface chaque jour davantage, et qui, dans quelques années, aura complétement disparu des voûtes du Dôme et de Saint-Jean. La nécessité de préserver d'une ruine complète le fameux théâtre Farnèse exige encore de nouveaux sacrifices, et l'on comprend que de pareils travaux tiennent trop à l'honneur du pays pour qu'ils n'absorbent pas les seuls fonds disponibles. Il faut donc regretter que les fouilles de Véléia soient ajournées encore pour longtemps peut-être; il faut le regretter, pour l'histoire, pour l'épigraphie, pour l'archéologie et pour l'art. La cinquième partie de ce rapport le fera mieux comprendre encore.

V. *Objets trouvés à Véléia.* — On peut répartir les objets qui proviennent de Véléia ou du territoire de cette cité sous sept titres différents : — 1° monuments de pierre ou de marbre : statues, colonnes, chapiteaux, ornements, piédestaux, ustensiles industriels, etc.; — 2° mosaïques et camées; — 3° peintures; — 4° monuments de bronze : statues, bustes, ornements, vases, corniches. ustensiles domestiques, etc.; — 5° poteries; — 6° inscriptions; — 7° monnaies.

Un grand nombre de ces objets est malheureusement perdu; d'autres ont enrichi la collection de M. de Caylus, comme la correspondance du P. Paciaudi en fait foi (lettre 70, 20 août 1763. — Let. 71, 8 octobre 1763. — Let. 72, *sans date; — Musée Caylus*, T. IV, tab. 49). C'est surtout pour les objets perdus ou distraits de la collection Farnèse que les dessins de Permòli sont, comme je l'ai dit, d'un grand intérêt.

De tous les objets trouvés à Véléia un très-petit-nombre a été publié, sauf les inscriptions qui le sont presque en entier, mais souvent d'une manière inexacte. — J'ai pris tantôt le calque sur le recueil de Permòli, tantôt le dessin au Musée Farnèse ou à Véléia, des objets qui m'ont paru les plus curieux, et dont je n'ai pas vu d'analogues ni au Musée Borbonico, ni dans les autres collections que j'ai visitées en France et en Italie; enfin j'ai recueilli, vérifié et corrigé toutes les inscriptions relatives à Véléia. Je dois à la généreuse amitié de M. Lopez quelques inscriptions inédites. Avant d'entrer dans le détail de mes travaux relatifs à chacune des sections indiquées ci-dessus, je crois utile de dire quelques mots du Musée des antiques qui renferme la plupart de ces objets. Ce Musée a été dessiné, disposé, et on peut dire créé par M. Lopez. L'ordre merveilleux qui y règne, l'intelligence et le goût qui président aux divisions et à l'arrangement des salles m'ont d'autant plus frappé qu'en Italie on voit beaucoup de *magasins* et peu de *musées* d'antiquités. M. Lopez n'est pas seulement archéologue et numismate ; il est surtout artiste : il est même plutôt disciple de Winckelmann que de Niebuhr. — La première salle est consacrée aux inscriptions sur marbre ou sur pierre et aux *doliaires;* la seconde, aux bronzes. Le fond de cette salle est occupé presque entièrement par la *Table alimentaire*, encadrée dans un vaste bas-relief qui est la reproduction fidèle de la base de la colonne Trajane. Aux deux côtés, sont deux cadres qui contiennent, l'un, l'inscription de la *loi Rubria*, l'autre, tous les fragments de contrats dont j'ai parlé plus haut. Sur des socles, aux angles de la salle et près des portes, sont l'Hercule ivre, un buste d'enfant, le buste colossal d'Adrien, le Bacchus, l'Apollon, le Mars et une Victoire aux ailes éployées, provenant tous de Véléia. Quatre armoires renferment, sous des vitrines : 1° les statues de bronze ; 2° les vases sacrés ; 3° les ustensiles ; 4° les armes. Une grande moitié de ces objets provient aussi de Véléia. Les ornements de la voûte, exécutés sous la direction de M. Lopez, représentent, en relief, les attributs de la vie civile, militaire, religieuse, domestique des Romains, et correspondent à la division des bronzes renfermés dans les quatre armoires. La frise est ornée d'un bas-relief figurant les griffons et les ornements du temple d'Antonin et Faustine. Au milieu de la salle, encastrée dans le pavé, est la plus grande des mosaïques trouvées à Véléia. — La troisième salle renferme des bustes, des fragments de statues en marbre, de provenance diverse, des antiquités égyptiennes, puis des poteries, une peinture et une mosaïque de Véléia. — La cinquième salle est consacrée aux médailles. Les peintures, exécutées d'après les indications de M. Lopez, sont de Scaramuzza, qui n'a jamais été mieux inspiré. La fresque de la voûte symbolise l'archéologie. Des quatre côtés, sont les médaillons de Winckelmann, Q. Visconti, Lanzi et Champollion, personnifiant l'archéologie grecque, romaine, étrusque et égyptienne. Au-dessous de chacun de ces médaillons sont des grisailles figurant l'alliance des arts et de l'archéologie en Grèce et à Rome, et rappelant les principales découvertes de la science en Étrurie et en Égypte. Je n'hésite pas à affirmer que le cabinet des médailles de Parme est, aujourd'hui, au nombre des plus beaux qui soient au monde. La valeur bien connue de la collection est d'ailleurs digne de l'enceinte que M. Lopez lui a donnée. Mais les monnaies provenant de Véléia, bien que très-nombreuses, ne présentent aucun type remarquable.

Indépendamment du Musée des antiques, il faut visiter, dans la galerie des peintures, une sorte de rotonde renfermant presque toutes les statues tirées, de Véléia. Enfin, dans le *magasin*, sont encore les objets qu'on n'a pu classer dans les salles, faute de place : colonnes, corniches, chapiteaux, amphores, etc.

Il est à regretter que M. Lopez ait été détourné de ses travaux par des occupations étrangères à la science ; car le loisir lui a manqué pour mettre la dernière main à son œuvre : le *catalogue* n'est pas achevé ; les éléments seuls sont réunis ; il est donc impossible, sans le secours du conservateur lui-même, de connaître la provenance des objets. Quand le travail sera terminé, des cartons d'une couleur particulière indiqueront tous ceux qui ont été trouvés à Véléia.

1° Les statues de marbre et de pierre (1) provenant de Véléia sont : une statue (marbre) crue de *Livie ;*

Une statue (marbre) crue de *Germanicus*, mais dont la tête a été rapportée anciennement et qui a pu être primitivement un *Auguste ;*

Une statue (marbre) désignée, dans l'ancien guide de M. de Lama, sous le nom d'*Agrippine la mère ;*

Une statue (marbre) désignée, dans le même ouvrage, sous le nom de *Caligula enfant*, mais qui paraît être plutôt un *Néron enfant ;*

Une statue (marbre) désignée sous le nom de *Drusille ;*

Une statue sans tête (marbre), crue d'*Agrippine la jeune ;*

Statues de *décurions* au nombre de six.

Ces statues sont, en général, d'une exécution assez médiocre, quoique du premier siècle. Une seule doit être remarquée : celle dite d'*Agrippine la jeune* dont les draperies révèlent un ciseau habile, bien qu'elles soient tourmentées à la manière conventionnelle de l'art romain, si loin, sous le rapport de la représentation des vêtements, de la simplicité large et naturelle des Grecs. Pietro Martini a fait un beau dessin de cette statue (Recueil Bertioli). — (*Inéd.* C.) Les autres statues ont été très-imparfaitement dessinées et publiées par Antolini.

(1) La lettre D indique les objets dont j'ai fait le dessin; — la lettre C ceux dont j'ai pris le calque d'après les dessins conservés à Parme. *Inéd*. (Inédit.)

— Débris d'une statue colossale, en tuf (inconnue), conservée dans le magasin, à Véléia. (*Inéd.* D.)

— Parmi les nombreux chapiteaux de colonnes et de pilastres trouvés à Véléia, il en est qui m'ont paru mériter une attention particulière.

— Un chapiteau dont la corniche est octogone, à Véléia. (*Inéd.* D.)

— Un chapiteau très-ornementé : quatre aigles aux ailes éployées dont les têtes soutiennent les quatre angles de la corniche et portant dans leurs becs des guirlandes de lauriers (publié par Antolini. C.) Un de ces chapiteaux se trouve dans le magasin du Musée des antiques.

— Un chapiteau très-rare et peut-être unique formé de cinq cordons doriques, s'élargissant vers le sommet et dont la corniche quadrangulaire, ornée de l'*œuf*, est soutenue par quatre enfants debout dans des poses variées. (Magasin du Musée des antiques. — Dessin de Permòli (recueil de Costa), publié par Antolini. C.).

— Un pilastre d'un bon style, représentant l'acanthe et les deux dauphins *affrontés*. (Magasin du Musée des antiques. — Publié par Antolini. C.)

— Une base attique de colonne, temple du *forum* de Véléia, en place. (*Inéd.* D. mesures.)

— Bases, chapiteaux et colonnes des portiques du *forum* de Véléia, en place. (*Inéd.* D, mesures.)

— Une pierre triangulaire qui a dû servir de base à un trépied et non pas à un cadran solaire, comme on l'a dit, attendu qu'elle est encore en place sur le *forum* de Véléia et qu'elle se trouvait sous le portique, à l'ombre. (*Inéd.* D, mesures.)

— Un moulin à huile (pierre). Sur le *forum* de Véléia. (*Inéd.* D, mesures.)

— Une tête barbue en relief plein (marbre noir). (Musée des antiques. — Dessin de Permòli. — Recueil Costa. — *Inéd.* C.)

— Un disque de marbre blanc sculpté sur les deux faces et devant, par conséquent, servir d'ornement de portique comme ceux de Pompéï, de Tusculum, de Nîmes, etc. Sur une des faces, sont représentées deux têtes de profil : un vieillard chauve et barbu, un jeune homme dont une partie de la chevelure est ramenée, en corne, sur le haut du front, coiffure très-fréquemment reproduite par les artistes romains dans les sujets champêtres et satiriques. (Voy. les bas-reliefs de la villa Albani. — *Inéd.* Dessin de Permòli. — L'original est perdu. — C.)

— Bas-relief sculpté au revers de l'inscription de Sulpicius et représentant un esclave en costume de *lorarius*, ayant le fouet dans la main droite et la lance dans la gauche. (Musée des antiques, 1re salle. — Dessin de Permòli, publié par de Lama. C.)

— Un piédestal en marbre blanc (Forum de Véléia. — Dessin de Permòli, *Inéd.* C.)

— Un bas-relief en marbre blanc, représentant un puits et une fleur de lotus. (Musée des antiques. — Dessin de Permòli. *Inéd.* C.)

2° Les *Mosaïques et Camées* provenant de Véléia, sont :

— La grande mosaïque des dauphins et de la laie. (Véléia; *Inéd.* D, et mesures.)

— Mosaïque de la *tête voilée.* (Musée des antiques, salle des bronzes. — Dessin de Permòli. *Inéd.* C.)

— Mosaïque très-curieuse représentant une scène de l'*Electre* de Sophocle : Oreste accompagné de Pylade est introduit en présence d'Electre et lui remet, sans se faire connaître, l'urne qui renferme, soi-disant, les cendres de son frère. Voy. Electre, acte IV. (Musée des antiques.— Dessin du recueil de Costa, publié en mauvaise gravure dans l'ouvrage de M. Angelelli, de Bologne : *Tragedie di Sofocle recate in versi italiani*; 1824. — C.)

— On a rapporté encore d'autres mosaïques de Véléia; mais elles représentent des ornements qui se trouvent ailleurs. Quelques-unes, laissées à Véléia, ont été détruites. Voghera a tenté de faire la restitution de plusieurs d'entre elles; mais elles m'ont paru arbitraires.

— Plusieurs camées antiques ont été trouvés à Véléia; mais, malheureusement, ils ont été distraits ou perdus. Permòli nous a conservé les dessins de deux de ces pierres : 1° Jupiter de profil, assis sur son trône, tenant le sceptre d'une main, et la foudre de l'autre; à ses pieds, son aigle. (C.) — Un renard. (C.)

3° *Peintures.* — On a trouvé à Véléia des fragments de stucs coloriés, sans importance. — On conserve au Musée des antiques (3e salle) une grande peinture représentant une façade de feuillage avec des ouvertures ménagées d'espace en espace. Cette palissade de verdure paraît former l'enclos d'un jardin. Des personnages sont aux portes, dans des attitudes variées. Ce sujet est traité avec art et finesse. (Reproduit très-fidèlement, avec les couleurs, par Permòli. *Inéd.* C.)

4° *Bronzes.* — *Statues.* — La plus belle de toutes les statues de bronze provenant de Véléia est le fameux *Hercule ivre* qui a été transporté à Paris en 1797, et a été rendu en 1815. La science du modelé, le naturel de la pose, le *laisser-aller* de l'ivresse tempérée par cette grâce et cette noblesse que les grands artistes de Rome savaient donner à toutes leurs compositions, l'expression enjouée de la physionomie, la douce bonhomie qui respire dans les traits du dieu, font de ce petit chef-d'œuvre un des plus précieux restes de la belle époque de l'art. L'Hercule ivre doit être placé sur le même rang que le *Faune* de Pompéi et le *Mercure au repos* d'Herculanum; mais il a, de plus que les chefs-d'œuvre si connus du Musée Borbonico, un grand intérêt au point de vue de l'archéologie religieuse: car il nous présente un type très-peu connu et, sans doute, fort rarement reproduit par les sculpteurs anciens. Il n'existe, en effet, qu'un petit nombre d'Hercules ivres : un fut publié dans le *Museo Arrigoniano;* un autre est à Naples, un troisième a été gravé dans les *Annales de l'Institut de correspondance archéologique* de Rome, l'année 1854. Aucun des trois ne peut entrer en comparaison avec celui de Véléia (1). — Une lettre adressée à M. Gérhard, par M. Lopez, le 24 décembre 1830, et publiée dans le *Bulletin* de ce dernier recueil, donnait la description détaillée de ce bronze, et était accompagnée d'un dessin très-imparfait. Je dois à l'amitié de M. Lopez la faveur d'avoir pu faire faire, à mes frais, le moule de ce chef-d'œuvre. Un autre moule a été pris, à Paris, à l'époque où l'original y était déposé; mais il n'en a pas été fait d'autres depuis 1815. Les reproductions très-grossières et presque informes qui figurent dans les ateliers sont pour la plupart les produits d'un deuxième ou troisième *surmoulage*, elles ne sauraient donc donner aucune idée de l'original.

— Les statuettes de l'Apollon et du Bacchus sont très-inférieures à l'Hercule. Le dessin du Bacchus seul a été publié dans les *Annales de l'Institut de correspondance archéologique.* (C.)

— Une Victoire aux ailes éployées mérite d'être citée pour la noblesse du style. Mais elle appartient, ainsi que l'Apollon et le Bacchus, à ce qu'on peut appeler l'art conventionnel des Romains.

— La statuette de Mars est curieuse en ce qu'elle est fixée à une enseigne militaire dont elle formait le faîte, et en ce qu'on voit figurer au-dessus du poteau contre lequel le dieu est appuyé la représentation, en miniature, de la porte *Gemina.* (Musée des antiques. *Inéd.* D.)

— La tête colossale, en bronze doré, de l'empereur Adrien est

(1) Il s'en trouve un au Cabinet des médailles de Paris. L'exécution en est très-médiocre.

d'un beau caractère; mais elle a été, malheureusement, défigurée par une restauration commune et maladroite. (Musée des antiques. — Voy. le travail de M. Lopez dans le *Bulletin de l'Institut de correspondance arch.*, 1832.)

— Une tête d'adolescent, en bronze, avec des yeux de pierre, paraît appartenir à la bonne époque et est remarquable par l'expression. (Musée des Antiques.)

— Un *Méléagre*, qui a été à Paris. Le dessin en a été publié dans les *Annales de l'Inst. de corresp. arch.* de 1846 (article de M. Braun). (C. Musée des Antiques.)

— Un petit buste de *Mirmillon*, d'un grand style et d'une grâce de mouvement et d'expression admirable. (Musée des Antiques. — Publié dans le recueil indiqué plus haut. C.)

— Un petit génie : coiffure singulière. (Musée des Antiques. — Dessin de Permòli. *Inéd.* C.)

— Un petit buste de *Pallas*. (Musée des Antiques. — Dessin de Permòli. *Inéd.* C.)

— Un *Midas* ou un *Faune*, un genou en terre : science et finesse dans l'exécution. L'original est à Paris, au Cabinet des médailles. (C.)

— Un socle de bronze : ornements finement ciselés, feuillage d'argent incrusté. (Musée des Antiques. — Dessin de Permòli. *Inéd.* C.)

— Plusieurs têtes de bronze : ornements en relief, petite dimension, servant de supports ou d'attache à des anses de vases, boutons de tiroirs, etc., bonne époque. (Musée des Antiques. — Dessins de Permòli. *Inéd.* C.)

— Détails d'un magnifique vase de bronze : tête, ornements et figures. (Musée des Antiques. — Dessin de Permòli. *Inéd.* C.)

— Une tête de bélier. — Un modèle de lampe très-élégant et d'un dessin original représentant une grenouille. (Disparu. — Dessin *inédit* de Permòli. C.) — Autres modèles de lampes; ustensiles divers, ornements de parure. (Musée des Antiques. — Dessins de Permòli. *Inéd.* C.)

— Un grand nombre de Minerves, de Fortunes, de Vénus, de petits bustes d'Empereurs, de Génies, de Victoires, de Silènes, de dieux Lares, de jouets d'enfants, etc.

5° *Poteries.* — Les poteries de Véléia sont très-variées. D'après le grand nombre d'inscriptions et de marques de fabrique, d'après le texte même de la Table alimentaire qui porte plus d'une fois ces mots : CVM FIGLINIS, qui ne signifient pas *la terre propre à la fa-*

brication de la poterie, comme l'a cru de Lama, et comme je l'ai répété d'après lui, mais bien les manufactures elles-mêmes, ainsi que l'a parfaitement établi M. Borghesi, dans la lettre qu'il m'a fait l'honneur de m'adresser le 3 octobre 1856; enfin, d'après les nombreux modèles de vases, de lampes, d'appuis de lampes, etc., trouvés à Véléia, on peut conclure que cette industrie avait pris une très-vaste extension dans ce pays. Il est même très-probable que la poterie de Véléia avait une certaine renommée dans toute l'Italie, car M. Lopez a remarqué, au musée Borbonico, une lampe en terre cuite, représentant un sujet érotique dont le moule a été trouvé à Véléia (Musée des Antiques de Parme). Plusieurs objets curieux ont été découverts par M. Lopez lui-même dans les dernières fouilles; mais, sauf quelques fragments dont j'ai pris le dessin, les sujets et les formes de ces divers ustensiles se trouvent ailleurs.

6° *Inscriptions.* — J'ai réuni, à peu près, toutes les inscriptions concernant la cité de Véléia. L'absence de catalogue a rendu mes recherches assez difficiles d'abord, et c'est grâce à l'obligeance de M. Lopez que j'ai pu distinguer les monuments épigraphiques de cette cité de tous ceux qui lui sont étrangers. Je dois signaler un inconvénient grave qui rend impossible l'estampage exact de plusieurs inscriptions dont on n'a retrouvé que des fragments : c'est que, dans le mur où ces fragments ont été encastrés, on a gravé, en caractères semblables, les restitutions arbitraires proposées par M. de Lama. La couleur seule des lettres indique la partie qui a été restituée. M. Lopez reconnaît lui-même tout ce qu'un pareil système a de vicieux; mais il était mis en pratique avant lui. Outre que M. de Lama était loin d'avoir l'autorité suffisante pour se permettre d'opérer une restitution qui équivaut à une véritable altération du monument, et qui semble fermer le champ à toute interprétation nouvelle, le grand défaut de ce procédé est de réunir souvent différents débris, trouvés isolés les uns des autres, et de supposer gratuitement qu'ils appartiennent au même titre. Dans la collection du Musée Farnèse, on voit figurer, par exemple, trois ou quatre inscriptions publiées dans des recueils sérieux sur la foi de M. de Lama, et que l'on ne doit considérer que comme le résultat téméraire d'une invention plus ou moins ingénieuse. Ce ne sont, malheureusement, pas les seules erreurs graves que l'on puisse relever dans le recueil publié par M. de Lama. Une grande partie des inscriptions qu'il a données ont été mal lues et inexactement copiées par lui. Orelli en a reproduit quelques-unes qui se trouvent complétement fausses, parce qu'il n'avait pas jugé nécessaire de soumettre le travail de

M. de Lama à un contrôle sévère. Je ne citerai qu'un exemple des fautes qui ont été enregistrées par des hommes savants et exacts, sur l'autorité de l'ancien conservateur du musée de Parme. M. de Lama a lu sur une petite plaque de bronze gravée *au pointillé* ces premiers mots d'une inscription votive : ISIDI-OSTIL (iae) ou OSTIL (ianae). Orelli a reproduit ce texte, qui a dû exercer l'esprit des épigraphistes, car il révélait un surnom d'Isis, inconnu jusqu'alors ; mais j'ai lu sur le monument original ces mots : ISIDI-OSIR, qui ne rappellent qu'une invocation très-ordinaire. Le dessin du recueil de Costa, fait à l'époque où l'inscription a été trouvée, et où elle n'avait pas subi l'altération qui la rend aujourd'hui plus difficile à lire, a confirmé ce texte d'une manière péremptoire.

Toutes les inscriptions qui concernent la cité de Véléia sont réunies au Musée des Antiques, sauf celle que l'on voit encore sur le pavé du *forum* et les deux monuments de *Minerva Cabardia* trouvés à Caverzago, et dont le propriétaire n'avait pas voulu se dessaisir.

J'ai fait l'estampage :

1° De la Table alimentaire ;

2° De la *Lex Rubria*, dont il n'existe qu'un seul *fac-simile*, levé par M. Lopez au moyen de feuilles de plomb et envoyé par lui à M. Ritchl, préfet de la bibliothèque de l'Université de Bonn ;

3° Des différents fragments de bronze appartenant à des contrats hypothécaires.

Je me suis contenté de prendre une copie exacte de toutes les autres inscriptions. Je pourrai donc présenter dans son ensemble toute la collection des monuments épigraphiques de la cité de Véléia. Un petit nombre d'inscriptions doliaires sont inédites. Une inscription en mosaïque a été perdue. J'en ai trouvé le dessin dans le recueil de Costa (C).

7° *Monnaies.* — On a trouvé un très-grand nombre de monnaies à Véléia ; mais aucune n'appartient à un type qui soit inconnu ni même qui soit rare. Je n'ai donc pas à m'en occuper ici.

VI. *Recherches géographiques sur la cité de Véléia.* — Il me reste, dans la sixième et dernière partie de ce rapport, à mettre sous les yeux de Votre Excellence le résultat de mes recherches géographiques, résultats qui n'ont encore rien de définitif ; car je n'ai guère eu que le temps de recueillir les documents dont j'espère tirer parti pour chercher à recomposer la cité de Véléia, avec ses divisions en *pagi* ; mais le travail ne peut être achevé sur ce point qu'après de longues recherches faites sur les cartes et à l'aide des documents mêmes que j'ai rapportés.

Celui que je considère comme le plus important est le calque de la carte manuscrite, donnant les divisions du diocèse de Plaisance en vicariats, de l'année 1605; car, en rapprochant les circonscriptions de ces vicariats de l'étendue conjecturale que j'avais donnée sur ma carte, gravée en 1854, à quelques-uns des *Pagi* de la *Table alimentaire*, j'ai été frappé tout d'abord du rapport qui existait entre le tracé des anciennes limites municipales et celui des divisions épiscopales modernes. Le *pagus Velleius*, par exemple, dont Véléia est le centre, a, sur ma carte, identiquement, la même figure et la même étendue que le vicariat de Macinesso dont la *pieve* domine aujourd'hui les ruines de Véléia. Le *pagus Ambitrebius* coïncide avec le vicariat de Rivergaro; le *pagus Domitius*, avec le vicariat de Lugagnano, etc. — M. Borghesi, que j'ai consulté sur cette singulière coïncidence, croit que les divisions des diocèses, lors de l'établissement régulier du christianisme, après la paix de l'Eglise, ont été calquées sur les divisions, toutes faites, des cités en *pagi*. Ce fait avait déjà été constaté par Durandi, qui est mort malheureusement à l'époque même où la découverte de la *Table trajane* aurait fourni des preuves nombreuses à l'appui de son système, qui n'était encore qu'hypothétique. Un fait remarquable, c'est que, le principe une fois admis, les divisions des diocèses n'ont pas changé depuis leur origine jusqu'au dix-septième siècle. Elles subsistent encore aujourd'hui, sauf de légères différences, dans la Lombardie du moins, où l'on trouve encore des vicariats. Ces vicariats, il est vrai, n'ont pas la même importance qu'au moyen âge, où l'archiprêtre de chaque *pieve*, c'est-à-dire de chaque métropole de vicariat, pouvait seul donner le sacrement de baptême. Aujourd'hui que le privilége n'existe plus, l'archiprêtre exerce encore une sorte d'autorité administrative sur les autres paroisses du vicariat. Et le nom même de *pieve*, qui désignait autrefois l'église baptismale, s'est conservé jusqu'à nos jours. M. Domenico Vaccari, archiprêtre de la pieve de Macinesso, duquel je tiens, en partie, ces détails, a sous ses ordres les cinq curés des paroisses de l'ancien vicariat.

J'ai fait ensuite quelques recherches dans les cartes manuscrites du cadastre, au ministère des finances du duché; j'ai même consulté les registres des contribuables où les noms des champs figurent à côté de ceux des propriétaires; car je comprenais que les noms des fonds de terre mentionnés dans la Table, et qui doivent se retrouver en grande partie dans les appellations modernes, ne peuvent tous être inscrits sur les cartes topographiques, si détaillées qu'on les suppose. En effet, les fonds de terre, *fundi*, ne sont ni des villages, ni des hameaux, ni des villas, ni même toujours des métairies; mais de simples champs, c'est-à-dire ce qu'on trouve aujourd'hui sur les cartes du cadastre. Je les ai donc examinées ; mais les propriétés portent seulement un numéro de renvoi aux registres où sont inscrits les noms des propriétaires, ceux des terres et la quotité de l'impôt. Les registres du cadastre de la seule province de Plaisance remplissent une salle entière. Il faudrait donc faire un travail de six mois pour retrouver, dans les appellations modernes, une partie des noms anciens; encore la multiplicité des noms semblables rendrait-elle cette étude très-difficile. Dans le même district, on trouve, par exemple, vingt fonds de terre qui portent le nom d'*Antognano :* comment reconnaître l'emplacement du *fundus Antonianus ?* La même confusion aurait existé autrefois, si l'on n'avait pris le soin de distinguer par un et quelquefois par plusieurs surnoms lequel des fonds *Antonianus* on entendait désigner. Ces surnoms ont disparu pour faire place à des appellations toutes modernes qui viennent s'ajouter au nom ancien. Quand, après les plus pénibles recherches, on arriverait à retrouver un certain nombre des fonds de la Table et à les grouper dans un territoire qui correspondrait vaguement au *pagus* romain, on n'aurait pas pour cela reconstitué le *pagus* en entier, car les fonds hypothéqués à l'empereur par le contrat spécial devaient former, évidemment, la très-petite minorité des propriétés renfermées dans un *pagus.* Le *pagus Albensis*, qui a le plus grand nombre de fonds inscrits sur la Table, n'en compte cependant que 43. L'estimation de ces fonds nous fait voir qu'ils étaient, en général, d'une médiocre étendue, et qu'au temps de Trajan, dans la Cisalpine du moins, la propriété était morcelée à peu près comme elle l'est aujourd'hui. Les cinquante et un propriétaires mentionnés dans le contrat possèdent 342 fonds de terre distincts, ayant chacun une désignation particulière. La valeur de ces 342 fonds ne s'élève, ensemble, qu'à la somme de 13,874,278 sesterces, ce qui représente environ 3,468,569 francs (en prenant le sesterce pour 25 centimes).

Obligé d'abandonner mes recherches au cadastre, à cause de la pauvreté des résultats que j'avais obtenus, j'ai dû me contenter des cartes les mieux faites et les plus détaillées qui eussent paru. J'ai acquis la grande carte, très-rare aujourd'hui, des officiers de l'état-major autrichien, dressée au $\frac{60}{1000}$. En ajoutant ce document aux excellentes indications géographiques qu'on trouve dans le Dictionnaire statistique du duché de Parme, de Molossi, et aux notes que j'ai prises en parcourant le pays, j'espère avoir les éléments principaux de mon travail de restitution.

Tels sont, Monsieur le Ministre, les résultats principaux de mes recherches dans le duché de Parme. Ces recherches ont absorbé la plus grande partie du temps qui m'était accordé pour ma mission. Je n'ai passé que peu de jours à Rome, et n'ai pu faire que constater les découvertes importantes de ces derniers temps; j'ai voulu du moins en être instruit par ceux mêmes qui les avaient faites ou qui en étaient le mieux informés. Le second rapport que j'aurai l'honneur de soumettre à Votre Excellence ne sera donc qu'une rapide analyse des entretiens que j'ai eus avec MM. de Rossi, Visconti, Henzen et le P. Marchi.

Je suis, avec un profond respect,

De Votre Excellence,

Le très-humble et très-obéissant serviteur,

E. Desjardins.

Paris, le 6 octobre 1856.

SECOND RAPPORT.

ÉTUDES TOPOGRAPHIQUES ET ARCHÉOLOGIQUES DANS LA CAMPAGNE DE ROME.

Voie Appienne, Catacombes.

Aquæ Apollinares.

Monsieur le Ministre,

Le second objet de la mission qui m'avait été confiée par le prédécesseur de Votre Excellence, était de « puiser dans les dernières « découvertes archéologiques, les éléments d'un travail sur la topo- « graphie de l'ancien *Latium*, de la Sabine et de l'Étrurie méridio- « nale. »

Deux motifs ont empêché cette partie de mes travaux d'être aussi productive que je l'avais espéré : 1° le peu de temps que j'ai passé à Rome, tant à cause du long séjour que mes recherches avaient nécessité dans le duché de Parme, que de l'ordre de départ que j'ai reçu de Paris pour venir occuper le poste que Votre Excellence a bien voulu me confier, et 2° la difficulté des explorations dans la campagne romaine pendant les mois de septembre et d'octobre. Je pourrais ajouter un troisième motif à ces deux premiers : c'est qu'on est obligé de se contenter des indications que la confiance des savants italiens consent à fournir touchant leurs propres découvertes. Elles constituent en effet une véritable propriété scientifique, dont la publicité n'appartient qu'à ceux qui les ont faites. Or, parmi les découvertes des quatre dernières années, il n'en est qu'un petit nombre qui aient été publiées. Je me contenterai de les mentionner dans ce rapport, en y ajoutant quelques réflexions critiques; il en est d'autres, qui sont encore inédites et pour lesquelles je devrai user, par un motif que Votre Excellence appréciera, d'une réserve plus grande encore.

De même que mon travail sur les *Tables alimentaires* avait servi de point de départ aux nouvelles recherches que j'ai faites dans le duché de Parme, et qui sont consignées dans mon précédent rapport; de même mon *Essai sur la topographie du Latium* devait être complété par mon second voyage à Rome. Or, j'avouerai avoir dû beaucoup plus, pour ce dernier ouvrage, aux conseils, aux communications et aux travaux des savants italiens et allemands qui avaient guidé mon peu d'expérience sur le sol de la campagne romaine, en 1852, qu'à mes recherches personnelles. Je m'étais appliqué surtout à faire un exposé, aussi complet que possible, de la topographie du *Latium*. L'accueil favorable de la Faculté des lettres de Paris et le témoignage d'un homme auquel ces études sont aussi familières que le sol même de l'Italie, me permettaient de croire que le but modeste que je me proposais avait été atteint, c'est-à-dire que mon *Essai* « résumait tout ce que les documents publiés jusqu'à pré« sent, nous avaient appris sur ce pays (1). » Je pouvais donc considérer cet *Essai* comme une sorte d'inventaire de toutes les découvertes archéologiques et topographiques de quelque importance, avant l'année 1852. Il me restait : 1° à rectifier ce premier résultat, et 2° à enregistrer les documents nouveaux. Il n'y a pas, quant à présent, matière à un second ouvrage, et ce rapport pourra peut-être donner une idée suffisante des dernières conquêtes de la science sur ce point.

Je rappellerai ici que ma première étude comparée sur la campagne romaine avait pour objet :

1° De déterminer l'étendue du *vetustissimum Latium ;*

2° De donner un aperçu de la topographie physique de cette contrée ;

3° De faire connaître, par une description sommaire, le parcours des voies romaines et, en particulier, de la voie Appienne, d'après les dernières fouilles ;

4° D'indiquer la direction des anciens aqueducs publics ;

Et 5° enfin, de présenter un exposé archéologique et géographique à la fois du pays latin, comprenant toutes les villes, bourgades, villas et lieux historiques mentionnés dans les auteurs ou dans les inscriptions.

Les observations que j'ai faites moi-même, et les renseignements que j'ai recueillis dans ce second voyage peuvent être répartis sous trois titres différents qui formeront comme le sommaire et donneront la division du travail complémentaire que j'ai l'honneur de soumettre aujourd'hui à Votre Excellence :

1° *Nouvelles observations sur la voie Appienne.*

Système proposé par M. Pietro Ercole Visconti. — Ce qui doit subsister du travail de M. Luigi Canina. — Récente publication de

(1) Noël des Vergers, *Athenæum français* du 21 juin 1856.

M. Canina sur la dernière section de la voie Appienne, entre *Bovillæ* et *Aricia*, du 13e au 16e mille. Analyse critique de ce travail.

2° *Les catacombes.*

Découvertes récentes et système de M. de Rossi.—M. de Rossi doit être considéré comme ayant créé et appliqué le premier la véritable méthode à suivre pour l'étude des catacombes.—Révolution salutaire que cette méthode est appelée à apporter dans la topographie archéologique. — Importance des travaux encore inédits de M. de Rossi. — M. Pietro Ercole Visconti et la catacombe dite de Saint-Alexandre.

3° *Découverte des Aquæ Apollinares.*

Collection unique du P. Marchi. — Analyse de sa publication. Rectification que je propose dans les cartes de Nibby et de Westphal, tant pour la topographie des environs de Bracciano, que pour le tracé des itinéraires anciens.

CHAPITRE PREMIER.

NOUVELLES OBSERVATIONS SUR LA VOIE APPIENNE.

J'avais donné, dans mon *Essai sur la topographie du Latium*, une description archéologique des treize premiers milles de la voie Appienne, et ce travail était accompagné de 6 planches représentant le parcours de cette section avec le nom et la place de tous les monuments remarquables (1). Depuis mon premier voyage à Rome, les *Annales de l'Institut archéologique de* 1854 ont paru (seulement vers le commencement de l'année 1856). Elles renferment l'article de M. Luigi Canina. C'est un des derniers travaux du célèbre architecte romain, mort pendant l'automne de 1856, à son retour d'Angleterre. A cet article sont jointes les planches 8 et 9 dressées d'après les dessins de M. Pietro Rosa. Cette partie qui comprend la section de *Bovillæ* à *Aricia*, entre le treizième et le seizième milliaire, forme le complément des articles publiés précédemment dans les Annales des années 1851, 1852 et 1853 (2).

(1) De la page 92 à la page 124, et de la page 237 à la page 251. Voyez la bibliographie de la voie Appienne, de la page 229 à la page 234. — Voyez aussi l'article que j'ai publié sur les *Fouilles de la voie Appienne* dans la *Revue contemporaine* du 15 août 1855.

(2) Ces trois premières parties ont été publiées séparément par M. Canina et forment un ouvrage détaillé avec des planches nombreuses. 2 vol. 1853.

Avant de parler de ce dernier travail de M. Canina, je dois soumettre à Votre Excellence quelques-unes des observations générales de M. Pietro Ercole Visconti sur l'ensemble des fouilles et sur la topographie de la voie. Il a bien voulu m'exposer son système sur les lieux mêmes, et quoiqu'il n'ait pas publié ses idées, je suis assuré de ne lui point déplaire en les reproduisant ici et en me permettant même de donner humblement mon avis après le sien. Quel que soit mon respect pour la mémoire de M. Canina, quelle que soit, d'autre part, ma reconnaissance pour l'accueil hospitalier de M. Visconti, qui fait aux étrangers les honneurs de Rome avec la grâce qu'un noble particulier mettrait à faire les honneurs de son palais, je dois à la confiance dont le prédécesseur de Votre Excellence a daigné m'honorer, je dois à moi-même d'exposer ici mon sentiment en toute sincérité sur les systèmes opposés auxquels les deux éminents antiquaires ont attaché leurs noms.

M. Visconti croit que la route qui a été mise au jour à la suite des fouilles accomplies sous le pontificat de Pie IX, et qui semble avoir conservé l'apparence antique, aussi bien par son pavé de lave que par les trottoirs qui la bordent, n'est, presque sur aucun point, l'ancienne voie Appienne, mais nous représente une route faite ou réparée aux époques modernes, et ce qui le prouve, suivant lui, c'est que : 1° L'on trouve fréquemment parmi les pavés, des morceaux de marbres, débris de monuments antiques, et des pierres de lave conservant encore, il est vrai, l'empreinte des roues des chars, mais disposées souvent en sens inverse de leur place primitive et présentant ces espèces de rainures perpendiculairement et non parallèlement à la ligne des trottoirs; 2° les tombeaux sont le plus souvent beaucoup trop près de la route pour permettre de restituer les degrés ou les assises disparues, sans empiéter sur les trottoirs des piétons, ou même sur la voie des chars. Il pense, en outre, que presque tous les monuments découverts ont appartenu à des personnages secondaires et le plus souvent de la classe des affranchis. On peut s'étonner en effet de ne rencontrer dans la première nécropole du monde romain qu'un aussi petit nombre de tombeaux importants.

On sait quel luxe les grandes familles de Rome étalaient dans leurs sépultures. C'est une erreur, selon M. Visconti, d'attribuer aux personnages de la classe élevée, les monuments qui portent leurs noms. C'étaient ceux de leurs affranchis, ou des enfants de ces derniers. Les tombeaux des patriciens, et, en général, des gens riches, étaient le plus souvent construits à grands frais dans leurs domaines particuliers, comme ceux de Munatius Plancus à Gaëte et de Plotius près de Tivoli ; ce qui fait que le nombre devait en être fort restreint sur les voies publiques et même aux abords de Rome ; mais il faut se garder de croire toutefois qu'on ait découvert tous ceux qui se rattachent à la voie Appienne ; car ce n'était pas sur le bord même de la route qu'il fallait les chercher. Ils doivent en être placés à une certaine distance, et ils formaient comme une seconde rangée derrière les hypogées des affranchis. On voit en effet çà et là dans la campagne, des *nuclei* ou masses de pierres considérables et sans revêtement, qui n'ont pas été fouillées.

Il résulte donc du système de M. Visconti : 1° que ce ne serait pas le pavé primitif de la voie qui aurait été retrouvé ; 2° que l'on n'aurait même pas mis au jour la vraie route romaine dans une partie considérable de son parcours ; 3° que les monuments attribués par M. Canina à plusieurs grandes familles ne seraient, le plus souvent, que ceux de leurs affranchis ou de leurs clients ; et 4° que les tombeaux des personnages importants sont plus éloignés de la route et n'ont pas encore été découverts.

Suivant M. Visconti, un grand nombre de fragments, d'époque, de style et d'art différents, auraient été groupés sans discernement par M. Canina, comme appartenant aux mêmes monuments, ce qui fait que le visiteur peut prendre pour une disposition justifiée et pour une restitution motivée l'assemblage arbitraire de débris qui ne sont ni du même ciseau ni du même temps.

Malgré ce que le système de M. Visconti a d'ingénieux et ce que le jugement qu'il porte de l'ensemble du travail de M. Canina a de fondé, je ne saurais l'admettre sans réserve. M. Canina s'est souvent trompé ; mais en reconnaissant ses erreurs, qui sont quelquefois les miennes, je ne puis souscrire à la sévérité du savant archéologue qui le condamne sur tous les points. On peut assurément reprocher à M. Canina, comme à tous les architectes qui s'occupent d'archéologie comparée sans s'être préalablement fortifiés par de sérieuses études classiques sur l'antiquité, d'avoir tenu plus de compte des pierres que des textes et des inscriptions, et d'avoir abusé du procédé séduisant, mais périlleux, des restitutions. Rien n'est plus fréquent dans les ouvrages de M. Canina que de rencontrer des citations inexactes ou des passages d'auteurs anciens mal interprétés. Les historiens et les poëtes latins ne lui étaient pas assez familiers. Il lui arrive, par exemple, de confondre la famille des Quinctii avec celle des Quintilii, comme je l'ai remarqué à propos de son travail sur la voie Appienne. Il importe donc de relire attentivement les textes qu'il explique ou sur lesquels il s'appuie. Je crois néanmoins que, malgré ces défauts, son œuvre n'est pas entièrement mauvaise, et que c'est bien la voie antique que les fouilles dirigées par lui ont mise au jour. Personne assurément ne peut avoir la pensée que le pavé de cette route soit celui que le censeur Appius Claudius fit placer l'an 309 avant Jésus-Christ, ni même celui qui fut foulé par les chevaux des premiers Césars; car il est hors de doute que cette section, comprise entre Rome et les *Frattocchie*, n'a été abandonnée qu'après le onzième siècle de notre ère, l'itinéraire de Bordeaux à Jérusalem, qui est de cette époque, indiquant la station *ad nonum* dont l'emplacement a été retrouvé au 9e mille. Or, si la voie Appienne a servi de grande route jusqu'au onzième siècle, il est évident que le pavé a dû en être renouvelé bien des fois depuis Appius Claudius, et même depuis Trajan. M. Visconti a donc raison de dire que le pavage antique ne se retrouve presque nulle part; mais il ne s'ensuit pas que la direction de la voie fût différente de celle que nous voyons aujourd'hui. Entre la *porta Appia* (nom moderne, porte de Saint-Sébastien) et le tombeau de *Cæcilia Metella*, le chemin qu'on suit ne correspond pas, il est vrai, à la voie antique; toutefois, il ne peut s'en écarter sensiblement, puisque les monuments sont encore là comme autant de jalons qui nous empêchent de nous égarer. Mais depuis le tombeau de *Cæcilia Metella* jusqu'à Albano, il est démontré pour moi que la voie était droite, sauf de légères déviations purement accidentelles et dont la cause nous est même le plus souvent connue. D'ailleurs les monuments, en général très-rapprochés les uns des autres, et disposés en ligne de chaque côté, ayant leurs inscriptions toutes exposées sur la même face, ne permettent pas de penser que la route ait jamais dû passer ailleurs. Quant à l'extension qu'il convient de donner aux assises des tombeaux du côté de la voie, au point d'envahir par les restitutions le *pavimentum* antique, cette remarque ne m'a frappé nulle part comme créant une impossibilité dans le système de M. Canina.

Mais ce qui m'a paru aussi vrai que nouveau dans l'hypothèse de M. Visconti, c'est ce qui regarde les tombeaux des grands personnages devant former comme une seconde rangée derrière les sépultures des petites gens. Il est en effet conforme aux idées romaines de supposer que les patriciens et les gens riches, accompagnés pendant leur vie d'une foule de clients, d'affranchis et d'esclaves, voulussent après leur mort que leurs grands tombeaux fussent entourés de ce même peuple qui semblait former encore cortége à leur orgueilleux patronage. Cette idée est profondément vraie, je le répète; elle est puisée, pour ainsi dire, à la source même des institutions et des usages de Rome. Elle révèle chez M. Pietro Ercole Visconti cette heureuse alliance du savoir et de la pénétration, qui est dans sa famille comme un rare et précieux héritage. Mais peut-être l'habile antiquaire étend-il cette vérité un peu trop loin, lorsqu'il suppose que, dans un espace d'un mille entier, se trouvaient groupés les affranchis d'une seule et même *gente*. Dans son système, il faudrait rattacher presque tous les tombeaux de la voie Appienne au petit nombre des grandes sépultures de patrons qui possédaient des domaines le long de la route. Or, nous savons qu'il existait des entreprises particulières, ayant pour but d'acquérir des concessions de terrain, pour la construction d'un *columbarium*, par exemple, et que l'on achetait des places dans ces sépultures communes. La même spéculation et les mêmes facilités devaient se rencontrer pour toute espèce de tombeaux. Il était d'usage, j'en conviens, qu'un grand personnage fît construire un *columbarium* et quelquefois plusieurs, pour ses affranchis et ses esclaves, comme firent Auguste et Livie; mais rien ne nous prouve que toute la place qui était au devant d'un domaine, le long de la route, dût être occupée exclusivement par les tombeaux de la *famille* du propriétaire. Si cela eût été général, on trouverait agglomérés sur tel ou tel point les mêmes noms, puisque les affranchis et leurs descendants étaient désignés par l'appellation commune du chef de la *gente*. Les noms *patronymiques* figureraient dans le même lieu avec ou sans la formule LIB. Or, c'est ce qui ne se rencontre pour ainsi dire qu'exceptionnellement. On peut objecter, il est vrai, que ces domaines n'ont pas toujours appartenu aux mêmes familles et que les noms patronymiques ont dû changer aussi souvent que celui des personnages qui se sont succédés dans la possession du terrain. Mais quand une série de tombeaux se rapporte visiblement à une seule et même époque et présente cependant différents noms, il est évident pour moi que la conjecture de M. Visconti cesse d'être vraie ou du moins d'avoir une application aussi générale qu'il le suppose. D'ailleurs, nous voyons dans les *columbaria* figurer des affranchis et des esclaves appartenant à différentes familles et qui sont de plusieurs époques. Dans le *Novum Columbarium*, par exemple, découvert en 1852 (Vigna 14, près de la porte Saint-Sébastien), on trouve des noms d'esclaves de Tibère, et en regard, des noms d'esclaves d'Adrien. Dans la conjecture de M. Visconti, on ne pourrait compter qu'un bien petit nombre de personnages ayant leurs tombeaux et ceux de leurs *familles* sur la voie Appienne, car les monuments très-importants sont peu nombreux en y comprenant même ceux dont les *nuclei* apparaissent au-dessus du sol à une certaine distance dans la campagne. On ne peut non plus considérer comme générale cette disposition qui consisterait à faire figurer au premier rang les seuls tombeaux des petites gens, et au second, ceux des chefs de famille, car comment songer à nier que la voie ait toujours passé au pied des monuments de *Cæcilia Metella*, du *Casal-rotondo*, des sépultures de Géta, de Gallien, etc.

Il résulte de ce qui précède que le système de M. Canina, considéré dans son ensemble, n'est pas faux, mais que le travail a besoin d'être complété et peut, dans une certaine mesure, être rectifié. Ce sont surtout des erreurs de détails qui nous frappent. Il serait à souhaiter, d'autre part, que les fouilles s'étendissent à tous les monuments apparents situés à une certaine distance de la route. Elles confirmeraient, nous n'en doutons pas, celle des opinions de M. Visconti qui nous paraît la plus probable, mais elles auraient pour effet plutôt d'étendre que de détruire l'œuvre de M. Canina. Quant au peu d'analogie que présentent entre eux les fragments recueillis dans les décombres, groupés ensemble arbitrairement et quelquefois encastrés dans des murs construits à cet effet, comme s'ils eussent appartenu aux mêmes monuments, cette observation est malheureusement trop vraie : on remarque souvent des restitutions hasardées et des rapprochements inattendus. Mais la critique, pour être juste en principe, n'en est pas moins un peu sévère et nous nous demandons comment il eût été possible d'y échapper. Qu'on se figure ces débris trouvés pêle-mêle dans la terre, quelquefois à une certaine distance de la place qu'occupaient les monuments qu'ils rappellent ; qu'on tienne compte de la difficulté de distinguer les époques et les styles, surtout quand on sait que les Romains de la décadence ornaient leurs édifices de bas-reliefs empruntés aux âges précédents ; que l'on considère enfin la presque impossibilité de faire des *attributions* satisfaisantes à la fois pour l'archéologue, l'artiste, l'historien et l'épigraphiste, et l'on devra se montrer moins exigeant pour l'œuvre d'un homme doué de zèle, d'activité, d'amour pour la science et qui, sans avoir substitué l'ordre au chaos, nous a du moins mis sous les yeux des éléments dont un esprit plus synthétique et plus clairvoyant peut faire sortir la lumière. Je serais tenté d'ajouter que celui qui entreprendra de compléter et de rectifier ce premier travail devra se dépouiller de toute idée préconçue et se mettre en garde contre le parti-pris, car la science archéologique a toujours mis en défaut l'esprit de système.

Quoique j'aie suivi presqu'exclusivement le travail de M. Canina dans l'analyse que j'ai faite en 1854 des dernières fouilles de la voie Appienne, ce n'est point un intérêt d'auteur qui m'engage à prendre ici sa défense, ce que je crois d'ailleurs n'avoir fait qu'avec mesure. Je vais de bonne foi confesser mes erreurs qui, je le répète, sont les siennes, car il était le seul guide que l'on pût suivre pour ces travaux encore récents, lors de mon premier séjour à Rome, et le peu de temps que j'y ai passé en 1852 ne m'a pas permis de contrôler avec assez de soin les opinions de celui qui dirigeait les fouilles.

Il est bien établi aujourd'hui que le monument dont les débris ont été encastrés avec soin dans la construction élevée à cet effet au quatrième mille, n'est pas le tombeau de Sénèque, comme l'a cru M. Canina et comme je l'ai répété d'après lui. Le buste qui se trouve très-inexactement dessiné par lui dans la planche 19 du 2e volume de son grand ouvrage sur la voie Appienne ne ressemble en rien aux portraits du philosophe romain. Le nom SENECA qui se lit sur l'épaule de ce personnage est moderne. Il n'est pas exact de dire que ce monument n'avait pas d'inscription; mais il faut dire qu'on ne l'a pas retrouvée, non plus qu'une très-grande partie du monument lui-même dont on ne possède que des fragments très-incomplets.

Je crois n'avoir que bien peu à changer à ce que j'ai dit touchant les deux monuments attribués aux Horaces. Cette opinion a été attaquée, je ne l'ignore pas, par un savant dont le nom jouit d'une grande notoriété et dont les articles ont eu le rare mérite d'intéresser les gens du monde eux-mêmes à l'histoire romaine, rendue pour ainsi dire populaire par l'agrément du récit. Or, il se peut que le combat des Horaces ne soit qu'une légende patriotique et religieuse, sans que pour cela l'existence même des monuments qui consacraient le grand souvenir d'un fait, fabuleux, j'y consens, mais accrédité par le consentement traditionnel du peuple, doive être mise en doute. Tite-Live, Denys d'Halicarnasse et Martial ont vu les tombeaux, ou si l'on veut, les monuments commémoratifs des Horaces. Ils s'élevaient sur l'*Ager* où la croyance commune plaçait le lieu du combat: c'est-à-dire au cinquième mille. Ce devaient être deux *tumuli*, dont la forme primitive aura été conservée religieusement, même aux époques où l'art avait fait de si grands progrès. Les deux monuments situés au cinquième mille de la voie sont des *tumuli*, forme qui s'accorde avec l'antique origine de la tradition. Je dois dire seulement que la déviation de la route, dont je m'étais fait un argument pour établir que ce champ avait été consacré avant la censure d'Appius Claudius, n'a pas lieu à l'endroit même où s'élèvent les deux *tumuli*, mais un peu en deçà, ce qui ne changerait rien d'ailleurs à mon argumentation, car le *Campus sacer Horatiorum* dont parle Martial pouvait s'étendre à quelque distance des monuments. La base circulaire de ces *tumuli* a seule été retrouvée : c'est M. Canina qui a opéré la restauration des monuments en y faisant placer de la terre disposée en forme de cônes ; ce qui leur donne l'aspect que nous remarquons aujourd'hui. M. Pietro Rosa les a vus réduits à leurs bases ; mais cette restitution de M. Canina doit néanmoins être considérée comme certaine, car on ne peut voir autre chose dans ces espèces de socles que des bases de *tumuli*. La terre avait disparu, comme il arrive souvent à la suite des grandes pluies, sans qu'il soit besoin de l'action du temps pendant un espace de vingt siècles pour amener cette dégradation. M. Léon Renier a vu, en Afrique, des bases de *tumuli* dont la terre, s'étant écroulée, avait été entraînée par les pluies et dont le milieu présentait même la forme d'un entonnoir très-évasé ; tel est, par exemple, le monument des *Lollii*.

M. Visconti croit que l'inscription (reproduite par moi, p. 223 de mon *essai*), d'un certain Marcus Cæcilius n'a pu appartenir au tombeau du grand personnage de la famille Cæcilia, dont le frère aurait été l'oncle de Pomponius Atticus. Or, on sait, d'après Cornélius Nepos, que l'ami de Cicéron avait été inhumé dans le tombeau de son oncle Cæcilius, à la cinquième pierre de la voie Appienne (1). Il y a donc là une coïncidence frappante de noms, de distance et d'époque, car l'inscription est archaïque et rien n'indique que ce Marcus Cæcilius fût un affranchi.

M. Visconti pense que le fameux *Casal-rotondo* le plus grand monument funéraire de la voie Appienne, n'était pas, comme l'a cru Borghesi, le tombeau de *Messala*, dont Martial a parlé dans deux passages, mais celui des *Aurelii*. Deux motifs avaient engagé M. Canina (dont j'ai reproduit l'opinion) à considérer le *Casal-rotondo* comme le tombeau de *Messala Corvinus* : 1° la décision de Borghesi, auquel il avait envoyé l'inscription trouvée en ce lieu, et portant seulement sur un fragment de marbre, le nom de COTTA. M. Borghesi l'avait restituée ainsi :

MARCUS. VALERIUS. MESSALINUS.	COTTA.
MESSALAE. CORVINO. PATRI.	

(1) Corn. Nep. Vita Pomp. Attici. c. XXII.

Ce qui pouvait paraître très-satisfaisant à cause des explications sur lesquelles le savant épigraphiste de S. Marin appuyait son opinion. Le second motif était la renommée dont jouissait chez les Romains le tombeau de Messala pour sa masse imposante et sa solidité proverbiale, qualités qui semblent convenir parfaitement au *Casal-rotondo* (1). J'ignore si M. Canina avait envoyé à M. Borghesi un dessin exact de la pierre sur laquelle est gravée l'inscription *Cotta*; or, ceci importe beaucoup à ce qu'il semble, car les ornements qui encadrent cette pierre ne peuvent guère, d'après M. Visconti, appartenir qu'au second siècle, époque à laquelle la famille *Valeria Messalina* était éteinte, mais où celle des *Aurelii* était prospère, puisque Marc-Aurèle en était le rejeton. En admettant ce fait comme vrai, il se pourrait donc que M. Visconti eût raison et que le monument fût élevé aux *Aurelii*, dont le surnom était aussi, comme on sait, *Cotta*. Il considère ce fragment comme faisant partie d'une inscription placée au-dessous d'une des statues qui décoraient le tombeau. Mais je ne crois pas, s'il m'est permis d'exprimer une opinion sur ces matières, que ce motif d'ornementation ait été inconnu et inusité au premier siècle, car il se trouve presque le même dans les caissons des *Suffiti* de l'arc de Titus dont j'ai la photographie sous les yeux; or, l'arc de Titus date, comme on sait, du règne de Domitien. De plus, le fragment d'inscription, d'après la disposition de l'encadrement, a dû avoir une longueur qui ne s'accorderait guère avec la supposition de M. Visconti qu'elle était au-dessous d'une statue. En admettant d'autre part que le monument fût du deuxième siècle, on concevrait facilement qu'un tombeau aussi célèbre que celui de Messala eût été entretenu et réparé comme un édifice public, quand bien même aucun membre de cette famille n'eût survécu aux parents de Messaline. Enfin, si le *Casal-rotondo* n'est pas le tombeau de Messala, où placera-t-on ce dernier, plus connu des anciens et plus réputé pour sa solidité que celui de Cæcilia Metella, si bien conservé encore aujourd'hui?

ANALYSE CRITIQUE DU DERNIER ARTICLE DE M. CANINA SUR LA VOIE APPIENNE.

Parmi les positions les plus remarquables indiquées sur les planches de M. Pietro Rosa et décrites par M. Canina, figurent à la page

(1) Voy. Martial, liv. VII, ép. 3. et liv. X, ép. 2.

97 des *Annales de l'Institut de correspondance archéologique* de 1854, les descriptions de ruines attribuées par l'architecte romain à la *villa de Clodius*, le rival de Milon. Ces ruines que j'ai visitées avec soin se trouvent entre le treizième et le quatorzième mille. Je crois avoir démontré, page 121 de mon *Essai*, que, pour quiconque a lu attentivement la Milonienne, Clodius possédait : 1° une *villa* près d'Aricie, qui s'étendait sur le flanc occidental du mont Albain, à une certaine distance à gauche de la voie Appienne, vers le seizième mille; 2° une autre maison de campagne ou *fonds* de terre (car Cicéron se sert tantôt du mot *villa*, tantôt du mot *fundus*, pour désigner cette propriété de Clodius), situé entre le treizième et le quatorzième mille, à gauche de la voie, c'est-à-dire au-dessous de la moderne *Albano* et aux deux tiers de la côte qu'il faut gravir pour y arriver. L'embûche avait été préparée dans le *fonds* de la villa d'Albano et non dans la grande villa voisine d'Aricie. C'est à cinq heures du soir que Milon passa devant le fonds de Clodius au treizième mille. Clodius lui-même avait quitté Aricie pendant la journée pour se rendre à sa villa d'Albano. A l'approche du cortége de Milon, il sort, se dirige vers la villa de Pompée, qui était située en partie sur l'emplacement actuel d'Albano. De sorte qu'il s'éloigne de Rome et revient sur ses pas. Il importe de gagner du temps afin de laisser arriver son ennemi un peu au delà du fonds où l'embuscade était préparée. Une fois ce point dépassé, Milon se trouve pris entre les hommes embusqués et la troupe qui accompagne Clodius et qui lui barre le passage au sommet de la côte d'Albano. Les commentateurs de la Milonienne et M. Canina lui-même, qui cependant pouvait se rendre un compte exact, sur les lieux, de toutes les circonstances rapportées par Cicéron, ont laissé planer un grand vague sur cet épisode. Si l'on suppose, comme on l'a fait jusqu'à présent, que Clodius ne possédait qu'une seule *villa* et qu'elle était située au treizième mille, toute la narration devient inintelligible. Elle est, au contraire, parfaitement claire dans le système que je propose.

1° Dès que Clodius est instruit du voyage forcé que Milon devait faire à *Lanuvium*, il part de Rome, la veille du jour fixé pour ce voyage, afin de préparer ses embûches dans le fonds de terre qu'il possédait sur le bord de la voie Appienne, vers le treizième mille. « *Interim quum sciret Clodius, neque erat difficile scire, iter solemne, legitimum, necessarium, ante diem XIII. Kalendas febr. Miloni esse Lanuvium ad flaminem prodendum, quod erat Dictator Lanuvii Milo; Roma subito ipse profectus pridie est, ut ante suum fundum, quod re intellectum est, Miloni insidias collocaret.* » (C. X.) Après quoi,

Clodius, en quittant sa villa d'Albano, va à Aricie, espérant, le lendemain, couper la route à son ennemi et l'enfermer entre le treizième et le seizième mille. Cicéron ne le dit pas, il est vrai, dans cette phrase; mais la suite le prouve assez clairement. L'orateur nous le montre en effet revenant le lendemain d'Aricie ; par conséquent, il y était allé la veille.

2° Le jour de l'événement, Clodius revenant d'Aricie à Rome, se détourne vers son domaine d'Albano. Milon savait qu'il était à Aricie. Or, il était naturel que Clodius, revenant à Rome, se détournât un peu vers sa villa d'Albano, dont les dépendances s'étendaient jusque sur la route. « *Illo die rediens devertit Clodius* (*ad se*) *in* (1) *Albanum, quod ut sciret Milo illum Ariciæ fuisse, suspicari tamen debuit eum, etiamsi Romam illo die reverti vellet, ad villam suam quæ viam tangeret deversurum.* » (C. XIX.) Le mot *deversurum* s'explique facilement. Clodius n'était pas obligé, il est vrai, de *se détourner*, en allant d'Aricie à Rome, pour entrer dans son domaine du treizième mille, puisqu'il bordait la route; mais il était forcé de le faire pour pénétrer jusqu'à la villa dont ce fonds dépendait, car elle devait être située à une certaine distance de la voie, vers la partie supérieure du versant extérieur du cratère au fond duquel est le lac Albain. C'était dans des positions élevées que devaient se trouver les riches villas, afin qu'on pût y jouir d'une plus belle vue.

3° Clodius est donc arrivé à sa villa d'Albano, mais il y est arrivé trop tôt. Lorsque Milon approche du lieu où était préparée l'embuscade, au treizième mille, vers cinq heures après-midi, Clodius sort de sa villa; et, pour barrer le passage à son ennemi, pour lui couper la retraite, il est obligé de remonter vers la villa de Pompée qui était au quinzième mille; ce n'était pas pour voir Pompée, qu'il savait à *Alsium* ; ce n'était pas pour visiter sa villa, qu'il avait vue mille fois; c'était pour occuper la partie supérieure de la route pendant que ses gens embusqués au treizième mille, devaient occuper la partie inférieure, aussitôt que Milon aurait dépassé ce point : *Videte nunc illum primum egredientem e villa subito;* «*cur? vesperi; quid necesse est?... tarde; qui convenit id præsertim temporis?...* »

(1) *Ad se* ne me paraît pas pouvoir offrir un autre sens que : se détourner *vers son domaine*. Cette expression, qui peut sembler étrange, a été insérée dans les meilleurs textes sur la foi de Bergier. Elle a été reproduite par Lallemand. Peut-être ces deux autorités ne devaient-elles pas paraître suffisantes pour la faire maintenir dans les meilleures éditions de Cicéron.

4° La rencontre a lieu devant le fonds de Clodius vers la onzième heure (à cinq heures du soir). Clodius avait fait construire dans ce fonds de terre des bâtiments considérables du côté de la route. On eût pu y cacher mille personnes. Milon doit-il être accusé d'avoir voulu attaquer un adversaire? pouvait-il espérer avoir l'avantage en ce lieu, où les gens de Clodius occupaient une position élevée? « *Fit obviam Clodio ante fundum ejus, hora fere undecima aut non multo secus.* » (C. X.) « *Ante fundum Clodii, quo in fundo, propter insanas illas substructiones, facile mille hominum versabatur valentium, edito adversarii atque excelso loco superiorem se fore putabat Milo, et ob eam rem eum locum ad pugnam potissimum delegerat?* » (C. XX.)

5° Clodius est blessé; on le transporte au cabaret voisin de Bovillæ; c'est le scoliaste qui parle :

« Clodius vulneratus in tabernam proximam Bovillano delatus est. » (Asconius Pedianus, argum. ad. orat. pro Mil.) La rencontre avait eu lieu au treizième mille près du *sacrarium* de la bonne Déesse : « *Nisi forte hoc etiam casu factum esse dicemus ut ante ipsum Sacrarium Bonæ Deæ quod est in fundo T. Sextii, Galli, etc.* » (C. XXXI.)

6° C'est de la villa que Clodius possédait à Aricie et non de celle d'Albano que parle Cicéron au chapitre XIX, ainsi que j'ai cherché à l'établir plus haut, et ce qui prouve que c'était bien à Aricie que se trouvait sa villa la plus importante, c'est que, dans sa fameuse invocation, l'orateur s'écrie : « *Vos enim jam Albani tumuli atque luci, vos, inquam, imploro atque testor, vosque Albanorum abruptæ aræ, sacrorum populi romani sociæ et æquales, quas ille præceps amentia cæsis prostratisque sanctissimis lucis, substructionum insanis molibus oppresserat; vestræ tum aræ, vestræ religiones, vestra vis valuit, quam ille omni scelere polluerat; tuque ex tuo edito monte, Latiaris sancte Jupiter, cujus ille lacus, nemora, finesque sæpe omni nefario stupro et scelere macularat, aliquando ad eum puniendum oculos aperuisti : vobis illæ, vobis vestro in conspectu seræ, sed justæ tamen et debitæ pœnæ solutæ sunt.* » (C. XXXI.)

Comment supposer qu'il s'agisse ici de constructions faites dans sa villa d'Albano qui était à plus d'une lieue du temple, des bois sacrés de Jupiter Latial et des autels albains? Il faut donc placer : 1° Une villa de Clodius entre Aricie (*la Riccia*) et le sommet du mont Albain, s'étendant sans doute sur la crête méridionale du cratère, vers le couvent de *Palazzola*, qui nous représente l'emplacement d'une partie de l'ancienne Albe-la-Longue. La villa *Chigi*, à l'est de *la Riccia*, occupe probablement la partie inférieure de la villa de Clodius : 2° un fonds de terre appartenant à Clodius et situé à gauche de la voie Appienne, au treizième mille, et dépendant d'une villa placée dans une position plus élevée, vers la villa Torlonia ou la villa Barberini. MM. Canina et Pietro Rosa (1) ont bien indiqué la place du *sacrarium* de la bonne Déesse et la position des *constructiones insanæ* dans le fonds de la villa de Clodius; mais ils n'ont pas mentionné la villa d'Aricie. Il est fort douteux qu'il reste quelque chose aujourd'hui des bâtiments de cette époque. On sait que les empereurs, et Domitien surtout, firent élever des édifices considérables dans tous les environs d'Albano. On a cru reconnaître cependant vers la *Galleria di Sotto* des vestiges de monuments antérieurs aux Césars (2).

M. Canina suppose (p. 99 des *Annales* de 1854), que le monument connu sous le nom populaire de *tombeau d'Ascagne* et que l'on remarque à gauche de la voie, près de la porte de la moderne Albano, à l'origine de la *Galleria di Sotto*, est le tombeau de Pompée, non celui qui fut élevé dans sa villa d'Albano pendant la seconde moitié du premier siècle avant J.-C., à l'époque où Cornélie rapporta d'Egypte les cendres de son époux, comme nous l'apprend Plutarque (C. 80), mais un monument élevé à la mémoire de Pompée par Adrien. Or, Appien dit bien, au chapitre 86 du livre 2 des guerres civiles, que cet empereur fit construire un mausolée à la mémoire de Pompée, en Egypte. M. Canina raisonne ainsi : ce monument d'Albano se rapporte assez bien au deuxième siècle et comme Adrien en a fait élever un à Pompée en Afrique, rien n'empêche qu'il ne lui en ait élevé un autre près de Rome. Cela n'est assurément pas très-satisfaisant. Ce qui est incontestable, c'est que la villa de Pompée était à cet endroit même sur l'emplacement de la moderne Albano.

M. Canina explique ensuite comment s'est formée la villa des Césars, composée des campagnes de Clodius et de Pompée réunies. Celle de Pompée appartint, après lui, à Dolabella (Cicer. Philipp. XIII, c. 5), puis à Antoine. Après la bataille d'Actium, Auguste s'en empara et ses successeurs n'ont cessé de la posséder depuis. Quant à celle de Clodius, elle passa, après sa mort, à la branche des Claudius Néron, héritiers de celle des Claudius Pulcher, dont le tribun Clodius était le dernier représentant. Tibère Claudius Néron était donc en possession de cette villa quand il arriva à l'empire et réunit ainsi les deux campagnes en une.

(1) C'est la disposition que j'ai adoptée sur ma carte du *Latium*.

(2) On peut suivre tout cet épisode sur la carte du *Latium* qui accompagne mon *Essai*.

M. Pietro Rosa a découvert dans ces derniers temps une villa antique dont la coupe et le plan ont été dessinés par lui et gravés dans les Annales de 1854. Elle est située dans la *villa Doria*, sur la droite de la voie, au quinzième mille, à l'ouest de la moderne Albano. On y remarque l'appareil de construction employé surtout au second siècle ; c'est l'*opus reticulatum*, entremêlé de rangées de briques régulières semblables à celles de la villa d'Adrien près de Tivoli. On a trouvé des briques portant la date du consulat de Servianus et celles des principats de Domitien et de Commode. L'ensemble des constructions ne peut être antérieur au second siècle. Les sculptures qui proviennent de ces ruines et qui sont au palais Doria à Rome, sont d'un art remarquable. On ignore le nom du propriétaire de cette villa qui ne peut être considérée comme une dépendance du palais de Domitien, mais tout y annonce le luxe. L'accès était du côté de la voie Appienne et offrait un vestibule et un *atrium* décorés de colonnes. Du côté de la campagne se trouvait le *triclinium* avec une espèce de belvédère soutenu par un portique cintré et ayant vu sur la plaine. Dans la partie orientale se voient des constructions, restes de bains, et des logements destinés aux gens de service.

Tout près de là, du même côté de la voie, sont des ruines qui paraissent se rapporter à l'époque de Domitien, et ne représentent nullement, comme on l'a cru, les restes de la villa de Pompée, mais ceux d'un établissement de bains publics.

J'avais connaissance d'une partie des travaux, plans et dessins de M. Pietro Rosa à l'époque de la publication de mon travail. J'ai montré la rectification qu'il avait faite du système de Nibby, sur le camp prétorien d'Albano, j'ai mentionné après M. Noël des Vergers la belle découverte, due au jeune architecte romain, du temple de *Diane Nemorensis*. Mais il est un grand nombre de points reconnus dans la campagne romaine par cet habile investigateur, et nous espérons que ses consciencieuses études topographiques sur le Latium ne tarderont pas à être publiées.

En descendant la côte qui conduit d'Albano à l'ancienne Aricie, entre le quinzième et le seizième mille, M. Pietro Rosa a trouvé une inscription ainsi conçue :

C. FABERIVS. MIL. ET. SEDILIA. IVNONI. DAT.

M. Canina croit que MIL. signifie *miliarium*, sans juste appropriation, ajoute-t-il.

M. Léon Renier, auquel j'ai soumis la difficulté, pense qu'il peut être ici question d'une de ces bornes milliaires de luxe qui ne se trouvaient pas toujours à la limite d'un mille, mais qui indiquaient les différents relais et marquaient l'espace parcouru, comme on en a trouvé dans plusieurs lieux, en Gaule, par exemple, à Tongres et à Autun.

CHAPITRE II.

LES CATACOMBES.

Quoique je n'aie traité dans mon *Essai sur le Latium* que de la Rome païenne et que mes travaux complémentaires ne dussent par conséquent, aux termes de l'arrêté qui me confiait une seconde mission, ne porter que sur ces études, je crois devoir soumettre à Votre Excellence un très-rapide aperçu des importantes découvertes accomplies en ces derniers temps par M. le chevalier de Rossi dont l'œuvre est encore inédite. Elles ne sont d'ailleurs pas tout à fait étrangères aux questions topographiques qui devaient m'occuper.

M. le chevalier de Rossi ne se recommande pas seulement à l'attention et à l'estime du monde savant par l'exploration qu'il a faite de quelques parties inconnues des catacombes; il poursuit un but plus élevé et sa tâche sera plus productive. On peut dire, sans forcer le sens des mots, que ce n'est pas seulement le cimetière de Saint-Callixte, mais que ce sont les *catacombes historiques* qu'il a découvertes. On pouvait s'étonner, en effet, de ne pas avoir retrouvé les sépultures des personnages illustres de l'Eglise primitive, parmi la multitude de tombeaux qui remplissent les galeries des nécropoles souterraines. Les évêques de Rome qui sont les premiers papes, les saints en renom, les martyrs célèbres étaient restés enfouis dans des lieux jusqu'à présent ignorés. C'est dans ces lieux mêmes, sur ces monuments consacrés par tant de touchants et de précieux souvenirs que M. de Rossi vient de répandre une soudaine lumière. Mais si le résultat de ses recherches a une grande importance, la méthode qui l'y a conduit me paraît plus considérable encore. — Doué à la fois d'ardeur et de patience, de savoir et de pénétration, d'enthousiasme et de discernement, on peut dire qu'il est appelé à renouveler la science de l'archéologie chrétienne.

Le premier principe de sa méthode a été de se montrer d'une excessive sévérité dans le choix des documents à consulter. Il a écarté avec soin tout ce qui ne lui inspirait pas une confiance absolue, et il a commencé par laisser complétement de côté les *Actes des martyrs* considérés jusqu'à présent comme le meilleur ou plutôt comme le seul guide des catacombes, et il a pu fort heureusement justifier, vis-à-vis du gouvernement pontifical, la proscription qu'il faisait de ce recueil en mettant sous les yeux du Saint-Père une bulle du pape Gélase qui, considérant les *Actes des martyrs* comme apocryphes, en défendait la lecture dans les églises. Deux sources lui ont paru surtout dignes de confiance : l'histoire profane dans les indications topographiques qu'elle nous fournit, et les récits faits par les pèlerins qui venaient visiter les tombeaux des saints, dans les catacombes, après *la paix de l'Eglise.* Les *Actes des martyrs* peuvent nous donner aussi parfois des renseignements géographiques exacts, mais il ne faut pas songer à en tirer d'autre secours. On ne doit admettre aucun document postérieur au huitième siècle. C'est en remontant à ces vraies sources de l'étude archéologique du christianisme primitif que l'on devra refaire en entier l'histoire des catacombes. Le dix-huitième siècle a attaqué les légendes, mais il n'a pu détruire l'existence des martyrs. Il faut donc retrouver aujourd'hui, à l'aide de documents certains, la suite des faits, en les dégageant du merveilleux dont les récits légendaires, postérieurs pour la plupart au huitième siècle, les ont entourés. Ce qui explique la substitution de la fable à la vérité vers cette époque, c'est l'ignorance où l'on était alors de l'histoire profane. Maintenant que nous avons, d'une part, des documents authentiques, de l'autre, comme témoins irrécusables, les catacombes elles-mêmes, il ne nous manquait plus qu'une méthode scientifique et les procédés légitimes qu'elle enseigne. — C'est cette méthode que M. de Rossi a trouvée.

Personne n'avait interrogé, pour en tirer quelque lumière sur la nécropole chrétienne, les manuscrits des pèlerins qui venaient à Rome, après Constantin, afin d'y visiter les catacombes. M. de Rossi découvrit à Bruxelles la relation d'un pèlerinage de l'année 449 de J.-C. Joignant aux précieuses indications qui y étaient consignées quelques autres documents non moins authentiques, le savant archéologue fut conduit, par ses pénétrantes observations, à reconnaître que les catacombes n'étaient pas, comme on l'avait cru jusqu'alors, un immense dédale où toutes les époques étaient confondues; mais qu'il existait un grand nombre de cimetières isolés ayant leur origine, leur nom et leur histoire, et formant autant de centres religieux dont la connaissance devait nous faciliter l'intelligence du christianisme primitif. Le nom du cimetière est ordinairement celui du propriétaire du sol. C'était toujours un chrétien et M. de Rossi croit, à cette occasion, que c'est une erreur de penser que les premiers chrétiens de Rome fussent pauvres. Ils avaient au contraire à leur disposition d'immenses richesses et étaient aussi influents par leurs ressources matérielles que les juifs le sont dans nos sociétés modernes. Ils acquéraient un territoire aux abords de la ville, creusaient le sol sous leur domaine et y établissaient une catacombe pour la célébration du culte et la sépulture des fidèles. Ils n'ont pas occupé, comme on l'a cru, des galeries toutes faites dont l'exploitation avait été abandonnée. Car il est facile de constater que, vu le peu de largeur des galeries mortuaires, les frais d'extraction de la pouzzolane auraient emporté les bénéfices du marché. Ainsi les catacombes que nous avons visitées avec M. de Rossi, n'ont été faites que pour les chrétiens. On sait qu'à l'époque où la paix de l'Eglise fut proclamée par Constantin, on cessa de célébrer le culte dans les cryptes des catacombes puisqu'on pouvait produire au grand jour les pompes des cérémonies. A cette époque, les corps des martyrs célèbres et des saints le plus en renom furent relevés et transportés dans les églises; mais leurs tombeaux primitifs demeurèrent toujours lieux consacrés. Ils devinrent alors un but de pèlerinage, et l'on vint en foule visiter, de tous les points du monde chrétien, l'asile de la foi persécutée, les chapelles où s'étaient célébrées les premières messes, les sépultures vides, mais qui rappelaient de pieux souvenirs et auxquelles restait attachée quelque chose de la vertu mystérieuse des reliques des martyrs. Ces pèlerinages durèrent jusqu'au huitième siècle environ. C'est à cette époque que les Sarrasins, dans la campagne romaine et sous les murs même de la ville, vinrent troubler la paix des catacombes. Les objets précieux déposés dans les chapelles par la piété des pèlerins excitaient surtout la convoitise des infidèles. C'est alors que les galeries furent comblées et les cryptes remplies, par les lucernaires, de terre, de fragments de pierre et de marbre provenant des monuments de la voie Appienne. Les chrétiens eux-mêmes ne trouvèrent pas d'autre moyen pour mettre les sépultures sacrées à l'abri de nouvelles violations. C'est ce qui explique comment on a trouvé des inscriptions de tombes païennes confondues dans le cimetière souterrain avec les inscriptions chrétiennes. Aussi un grand nombre de catacombes comblées au VIIIe siècle, étaient-elles ignorées depuis lors. M. de Rossi pensait que de nouvelles découvertes nous révéleraient des séries entières de tombeaux appartenant aux personnages illustres de la primitive Eglise, et que les cimetières des saints et des martyrs célèbres, les seuls qui fussent vraiment intéressants pour l'histoire, étaient encore inconnus aux portes mêmes de Rome. Il se mit donc à l'œuvre, et convaincu : 1° que chaque catacombe était un cimetière isolé; 2° que celles qui avaient le plus souffert de l'invasion des Sarrasins et qui, par conséquent, avaient été comblées, étaient précisément les plus curieuses et devaient renfermer les sépultures les plus importantes ; 3° que chacun des cimetières souterrains, ayant été l'objet de pèlerinages et d'un culte tout spécial après la paix de l'Eglise, devait être indiqué par la présence de basiliques construites sur le sol ; guidé d'autre part par les récits des pèlerins dont il possédait les manuscrits, et par les notions topographiques tirées des auteurs profanes, M. de Rossi interrogea le sol aux environs de la voie Appienne, entre la basilique Saint-Sébastien et la porte *Appia*. Il visita la *Vigna Ammendola* située à droite de la voie et y découvrit un fragment d'inscription chrétienne qui portait en caractères droits : NELIVS. Sachant que le pape S. Corneille avait dû être inhumé à peu de distance de ce lieu dans une catacombe célèbre, il examina avec la plus scrupuleuse attention tout ce que renfermait l'enclos de cette vigne et reconnut bientôt, dans les constructions antiques qui servaient de grange et d'étable au fermier, une basilique du IVe siècle, conservée avec les trois niches du chœur, forme consacrée à cette époque. Il fouilla le sol à cet endroit, et découvrit la catacombe, les galeries funèbres, les cryptes avec leurs peintures, leurs tombeaux et leurs autels. Il remarqua dans la galerie, avant de pénétrer dans chacune des cryptes, des inscriptions peu lisibles, on pourrait même dire peu visibles pour des yeux moins exercés que les siens. Ce sont des épigraphes chrétiennes gravées dans les revêtements de stuc qui couvrent les deux côtés de la porte. Elles sont surchargées, confuses, presque indéchiffrables. M. de Rossi, qui possède plus que personne cet œil d'archéologue auquel rien n'échappe et rien n'est indifférent, résolut d'étudier ces inscriptions cursives dont l'aspect est celui d'un réseau inextricable de *pattes de mouches* sur lequel dix siècles ont déposé leur poussière. Il employa des jours, des semaines, des mois, et parvint à débrouiller ce chaos. Il recueillit, isolée, chaque inscription et les releva toutes. Il comprit que c'étaient les pèlerins qui, avant de pénétrer dans la crypte, avaient formulé et gravé à la porte l'objet de leurs pieux voyages, quelquefois le vœu qu'ils adressaient aux saints martyrs. Ils y ajoutaient leurs noms ou celui de la personne pour laquelle ils venaient prier. L'un demandait la santé de sa fille, un autre le repos de l'âme de sa femme ou de son père. Ils répétaient la même formule à l'entrée de toutes les cryptes qui renfermaient les sépultures les plus renommées. La présence de ces inscriptions cursives révéla donc à M. de Rossi, avant même qu'il eût fait enlever les décombres qui remplissaient la crypte, l'importance des tombeaux qui s'y trouvaient. Il acquit la certitude qu'il était dans la catacombe de Saint-Callixte et qu'il allait découvrir les sépultures des papes du troisième siècle et celle de sainte Cécile. Il avait reconnu déjà dans la galerie le tombeau du pape saint Corneille (21e évêque de Rome, de 251 à 252), dont l'inscription mutilée se rajusta parfaitement avec le fragment trouvé sur le sol supérieur. Puis, dans la crypte principale, il découvrit les tombeaux des évêques qui composent la série complète, sauf quatre, des papes, de l'année 230 à l'année 311, c'est-à-dire depuis le règne d'Alexandre Sévère jusqu'à celui de Constantin. Les inscriptions les mieux conservées dont M. de Rossi a réuni les fragments mis en place, sont celles du pape saint Anthère (19e évêque de Rome, de 235 à 236), du pape saint Fabien, de la famille Fabia (20e évêque de Rome, de 236 à 251), du pape saint Luce (22e évêque de Rome, de 252 à 253), du pape saint Sixte II (24e évêque de Rome, de 257 à 259), et qui occupe la place la plus importante, son sarcophage figurant l'autel de la crypte; la belle inscription qui est gravée sur cette tombe et dont M. de Rossi a retrouvé et rajusté l'infinie quantité de parcelles, est du pape saint Damase, et a été placée sur le tombeau de saint Sixte après la paix de l'Eglise. (Saint Damase pape et évêque de Rome, de 366 à 384).

M. de Rossi savait, par les indications infaillibles des guides qu'il avait choisis, que le tombeau de sainte Cécile était voisin de celui de saint Sixte, dans une *cella* attenante à la crypte principale. Il existe, en effet, à gauche de l'autel, une petite porte qui conduit dans une chambre sans autre issue. Dans cette chambre est un tombeau privé d'inscription près duquel on voit une peinture représentant un évêque revêtu de ses insignes; marques conformes de point en point aux indications données par les guides sur le lieu où sainte Cécile avait été inhumée.

Le cimetière de saint Callixte est assurément le plus intéressant de tous ceux qui ont été découverts jusqu'à ce jour. C'est la vraie catacombe historique du troisième siècle. Je l'ai parcourue en entier avec M. de Rossi. Les peintures qui décorent la voûte et les arceaux des cryptes ont été relevées par lui ou dessinées sous sa direction.

Quelques-unes ont déjà été publiées commes pièces à l'appui de l'ἰχθύς inséré dans le *Spicilegium* de dom Pitra (t. III, p. 545-577). Cet article substantiel de 28 pages est la seule publication faite en France par M. de Rossi. Quelques-unes des peintures non publiées de la catacombe de saint Callixte offrent un très-grand intérêt : entre autres celle du bon pasteur ramenant à lui les brebis égarées, réponse significative, à cette époque et en ce lieu, aux arguments de Tertullien qui niait la miséricorde absolue et avait été en lutte à ce sujet avec le pape saint Sixte. D'autres représentent le portrait traditionnel de saint Pierre, fort reconnaissable, quoique l'artiste ait voulu rappeler deux souvenirs en un seul sujet, car saint Pierre est un Moïse faisant jaillir l'eau du rocher ; puis Jonas sortant de la baleine, image matérielle de l'âme s'échappant du corps ; la consécration des pains, avec le poisson symbolique partout présent : ἰχθύς ἐστι Ἰησοῦς χριστος θεοῦ υἱὸς σώτηρ. On peut remarquer que souvent l'ornementation des voûtes n'a aucun caractère chrétien et rappelle, si l'on tient compte toutefois de la décadence de l'art au troisième siècle, les peintures ornementales de Pompéï, celles des bains de Titus et, plus sensiblement, celles de Véléia. Je sais que l'époque même que M. de Rossi assigne à ces peintures sera l'objet de sérieuses contestations ; mais il faut attendre son ouvrage et ses preuves.

M. de Rossi distingue trois cimetières vers la voie Appienne et trois autres vers la voie Ardéatine. Les plus curieux, après celui de Saint-Callixte, sont ceux de Domitilla du premier siècle, à l'ouest du précédent, et dans lequel les travaux se poursuivent en ce moment, et de Saint-Prétextat au sud-est et en deçà de la basilique de Saint-Sébastien. Le centre historique de la catacombe de Domitilla est reconnu. Il est remarquable que dans les cimetières retrouvés par M. de Rossi figure le portrait de la Vierge, ce qui semblerait établir que ce culte remonte aux premiers temps de l'Eglise. Dans l'Allemagne du nord on s'est ému et alarmé à la nouvelle de tant de précieux témoignages religieux découverts par un savant catholique dont le travail n'était soumis à aucun contrôle. Des attaques directes et parties, dit-on, de très-haut ont été publiées à Berlin ; mais M. Henzen, le premier à Rome, quoique appartenant au culte réformé, a courageusement élevé la voix pour défendre la probité scientifique de M. de Rossi, dont le caractère et le dévouement exclusif à la grande cause de la vérité sont au-dessus de tout soupçon. L'acte courageux de M. Henzen, acte qui honore autant son auteur que celui qui en est l'objet, n'a d'ailleurs surpris personne, et ceux qui ont l'honneur de le connaître n'attendaient pas moins de lui. Votre Excellence me pardonnera de saisir avec empressement cette occasion de rendre ici témoignage au caractère d'un homme dont l'Europe connaît déjà le savoir éminent et auquel, pour ma part, je dois de si importants secours dans l'accomplissement de la tâche qui m'a été confiée; car, en 1852 déjà, c'est lui qui a daigné guider mon inexpérience par ses conseils, éclairer mes premiers pas des lumières de son jugement si sûr et de sa science si profonde, c'est lui qui me permet aujourd'hui de m'honorer d'une amitié dont de moins obscurs pourraient encore être fiers.

Je ne puis m'étendre davantage sur la découverte de M. de Rossi : j'ai surtout cherché à montrer le caractère et à faire ressortir les résultats de la méthode dont il est le créateur. Les documents qu'il a réunis sont nombreux. Il n'a pas recueilli moins de 10,500 inscriptions chrétiennes, sans parler des dessins et des peintures qu'il a fait exécuter. Il poursuit avec activité ses recherches et ses interprétations, mais il estime que sa vie entière doit être consacrée à l'accomplissement de ce grand travail, car il n'est pas de ceux qui compromettent le résultat de leurs études par un empressement malheureusement trop ordinaire aujourd'hui. Il suit l'exemple du petit nombre de savants peu curieux de la vogue, ambitieux seulement de la renommée légitime et durable qui attend les œuvres sérieuses.

Je ne puis me dispenser de mentionner ici la belle découverte de la catacombe de Saint-Alexandre, à 7 milles de Rome, sur la voie Nomentane, au delà de l'Anio. Je l'ai visitée avec M. Visconti qui en dirige les fouilles. La basilique dont la conservation est admirable, nous présente la disposition intérieure des édifices religieux construits au-dessus ou à l'entrée des cimetières souterrains après la paix de l'Eglise. Les galeries de la catacombe nous offrent des particularités uniques qui ont le plus grand intérêt pour l'archéologue. On y voit figurer des cercueils encore en place, disposés dans le sens de la longueur et présentant le flanc à la galerie dont les parois sont formés de grandes plaques de briques réunies entre elles par de la chaux (1). De cette façon, toute communication avec l'air extérieur est interceptée. Près de quelques-unes de ces sépultures, on voit encore le vase de sang qui indique la présence des dépouilles d'un martyr. On sait par les *Actes*, dit M. Visconti, que

(1) Cette disposition est la même dans toutes les catacombes; mais les cercueils ne se sont bien conservés que là.

saint Pierre s'était retiré en Sabine et y avait été recueilli par une certaine Severa. On sait aussi que le pape saint Alexandre fut martyrisé sous Trajan, l'an 112 de J.-C., en Sabine, « *Ad nymphas ubi sanctus Petrus baptisabat.* » (*Actes des martyrs.*) Un pèlerin venu à Rome au temps de Charlemagne, nous apprend, en outre, que ce lieu était désigné par les mots *ad Alexandrum*. En rapprochant ces divers témoignages, M. Visconti a acquis la conviction que la catacombe retrouvée est bien celle du pape saint Alexandre. Je ne me permettrai d'ajouter aucune observation à ce qui précède. En supposant que l'on conteste l'authenticité des documents sur lesquels s'appuie M. Visconti, il n'en est pas moins assuré que ce cimetière souterrain, de quelque nom qu'on veuille l'appeler, est d'une époque très-ancienne et que, seul, il nous présente des tombes intactes avec des particularités dignes du plus grand intérêt.

CHAPITRE III.

DÉCOUVERTE DES AQUÆ APOLLINARES (1).

De toutes les découvertes faites aux environs de Rome dans ces derniers temps, la plus importante sous le rapport géographique est sans contredit celle des *Aquæ Apollinares*. J'en avais seulement ouï parler lors de mon premier voyage, car la *Civiltà cattolica*, du 21 février 1852, l'avait annoncée, mais sans donner aucun détail. Or, comme elle avait eu lieu à Vicarello, sur un domaine appartenant aux jésuites, le P. Marchi, membre de cette congrégation, put réunir toutes les antiquités qui en provenaient, les examina avec soin, les classa dans sa collection et publia ensuite son sentiment sur l'importance de la découverte et sur la valeur scientifique des objets trouvés en cet endroit. L'inventaire et le travail auquel il donna lieu furent terminés vers la fin de l'année 1852. Le savant antiquaire fit alors imprimer une petite brochure sous ce titre : *La stipe tributata alle divinità delle acque Apollinari, scoperta al cominciare del* 1852. D. G. M. d. c. d. g. Roma. tipografia delle belle arti. — Cette brochure a 32 pages et est accompagnée d'un tableau et de 4 planches gravées (elle n'est pas dans le com-

(1) Cette troisième partie du rapport a été lue, sur la demande de M. Guigniaut et avec l'autorisation de S. Exc. M. le Ministre de l'instruction publique, aux séances ordinaires de l'Académie des inscriptions et belles-lettres, les 20 novembre et 4 décembre 1857.

merce). Je visitai la collection du P. Marchi et il me donna lui-même tous les renseignements que je pouvais souhaiter sur cette intéressante question. Comme les objets trouvés à Vicarello ont été transportés à Rome et que ceux qui ont été jugés dignes d'être conservés figurent dans le cabinet du P. Marchi, j'ai cru inutile de me rendre moi-même sur les bords du lac Bracciano.

Aucun des géographes qui s'étaient occupés des itinéraires anciens n'avait indiqué la position exacte de ces eaux thermales. Cluvier les plaçait à Cere, beaucoup trop près de Rome ; Lapie à Allumiere qui est trop loin, Westphal à Sasso, Mannert à Stigliano, positions qui, du moins, s'accordent mieux avec les mesures des tables. Ce qui explique ces erreurs et ces divergences, c'est que dans tous ces endroits il existe des eaux thermales et qu'il n'y avait pas de bien bonnes raisons pour préférer les unes aux autres.

L'itinéraire d'Antonin est seul mentionné par le P. Marchi. Cependant la Table de Peutinger indique aussi une station aux *Aquæ Apollinares* :

TABLE ANTONINE.	TABLE DE PEUTINGER.
A Roma Cosam.	Roma Tarquinios.
Careias (alias Carcias) XV.	Lorio XII.
Aquis Apollinaris XIX.	Bebiana »
»	Turres »
»	Aquas Apollinares VIII.

Je reviendrai tout à l'heure sur ces deux monuments; aussi bien la question géographique est-elle double : 1° position des *Aquæ Apollinares* ; 2° modification que cette découverte doit apporter dans le tracé des itinéraires. Il me paraît impossible, en effet, de laisser subsister les tracés de Nibby et de Westphal, sans parler des autres géographes qui ne me semblent pas avoir étudié avec le même soin cette partie de la topographie des environs de Rome.

1° *Position géographique* DES AQUÆ APOLLINARES.— Le domaine de Vicarello, avant d'avoir appartenu aux jésuites, avait été d'abord une dépendance des moines Camaldules de Saint-Grégoire du mont Celio. La plus ancienne mention connue de cette propriété remonte à l'an 1320. Dans une charte conservée aux archives de Santa-Maria-in-Trastevere, on voit figurer le nom de *tenimentum castri Vicarelli*. Il y avait alors à cet endroit un château ceint de murs. En 1367, *une sentence du juge du palais de la chambre exempta Vicarello* de la taxe, parce que le château, étant tombé en ruines, se trouvait réduit à l'état de *casale*. Ce domaine a passé ensuite au Collége germanique et les jésuites en héritèrent ainsi que de tous les autres biens possédés par cette congrégation. Quant aux bains, ils étaient abandonnés depuis longtemps, lorsque le pape Clément XII, les rétablit en 1737, ainsi que l'indique l'inscription placée sur la porte. Les PP. jésuites y avaient déjà fait quelques réparations au temps de Nibby ; mais, voulant y fonder un établissement considérable sur un plan entièrement nouveau, on se mit en devoir de démolir tout ce qui subsistait encore de l'ancien. On vida, à l'aide d'une pompe, le bassin principal qui n'avait jamais été restauré depuis l'origine, c'est-à-dire depuis le temps des Romains et même des Etrusques. C'est au fond de ce bassin que l'on découvrit un grand nombre d'objets offerts en don aux divinités de la source et, parmi ces objets, plusieurs milliers de pièces de monnaie. On en tira plus de 2,000 livres pesant. Les monnaies qui furent trouvées d'abord étaient du second âge de Rome (frappées entre deux coins), puis au-dessous de cette première couche, se trouvait l'*æs grave signatum* remontant à la plus ancienne époque romaine, et enfin, tout à fait au fond, l'*æs rude*, métal brut gisant là depuis plus de vingt-six siècles, c'est-à-dire depuis les temps primitifs des populations de l'Etrurie. Le tout fut transporté à Rome ; le P. Marchi fit son choix, et ce qui ne fut pas jugé digne de figurer dans sa collection dut être fondu et l'on en fit une belle cloche. La découverte de Vicarello offrait donc l'exemple unique d'une série non interrompue de monnaies depuis l'origine des sociétés jusqu'au quatrième siècle après Jésus-Christ. Mais on trouva parmi ces offrandes des objets beaucoup plus intéressants encore sous le double point de vue de l'art et de la science. Le P. Marchi explique la présence de ces offrandes de la manière la plus satisfaisante. Tous ceux qui avaient éprouvé l'efficacité des eaux et qui attribuaient leur guérison à la vertu de la nymphe offraient, en signe de reconnaissance ou à titre d'*ex-voto*, quelque objet d'une valeur proportionnée à la condition de la personne. Cette sorte d'offrande s'appelait *stipis*, et cet usage était général comme on le voit par différents passages des auteurs (1). On a trouvé dans le bassin des vases d'argent, de bronze et de cuivre, du plus beau travail et des formes les plus élégantes. Ils ont dû servir aux *buveurs d'eau* et être offerts par eux à la nymphe après leur guérison. Parmi ces espèces de *cyathi* figurent les trois fameux gobelets sur lesquels sont

(1) Conf. Sueton. ; Aug., 57. — L. Ann. Senec. natu. quæst., l. IV. 2 : — Plin. jun. Epist., l. VIII, 8.

gravées toutes les *stations* de la route que les baigneurs qui ont fait cette offrande avaient suivie pour venir de Cadix à Rome. On avait donné à ces gobelets la forme de bornes milliaires. Ils sont d'autant plus précieux que, des trois itinéraires antérieurs au douzième siècle qui nous sont parvenus, un seul, la Table Antonine, nous fait connaître les routes d'Espagne. On sait que la Table de Peutinger et l'itinéraire de Bordeaux à Jérusalem ne nous donnent aucune indication sur ce pays.

Parmi les objets trouvés aux environs de la source de Vicarello, figurent trois inscriptions qui ne nous laissent plus aucun doute sur l'appellation qu'il convient de donner à ces eaux thermales; la première porte :

CEΞΤΙΛ...
ΑΤΤΑΛ..
ΟΒΑC
ΑΠΟΛΛΩΝΙ
ΚΑΤΟΝΑΡ
ΑΦΡΟΔΕΙ
CIEΥΣ

Il n'y a de place que pour trois lettres à la première ligne, pour deux à la seconde. Les autres sont complètes. Il s'agit, comme on voit, d'un certain Sextilios Attalos, affranchi ou descendant d'affranchi, qui était sans doute de la ville d'Aphrodisia en Thrace, en Carie ou en Cilicie et qui remercie Apollon de sa guérison, le Dieu lui ayant apparu en songe. Le mot OBAC semblerait indiquer, d'après le P. Marchi, qu'il s'était guéri d'une maladie des jambes. M. Léon Rénier inclinerait à croire au contraire que c'est un nom propre; il en a d'autres exemples.

Sur un gobelet trouvé dans la source, on lit l'inscription suivante :

APOLLINI. SILVANO. NYMPHIS. Q. LICINIUS. NEPOS. D. D (1).

Enfin, sur un autre vase, on lit :

APOLLINI. ET. NYMPHIS. DOMITIANIS
Q. CASSIVS. IANVARIVS. D. D. (2).

C'est donc au temps de Domitien qu'il faut rapporter cette der-

(1) Le P. Marchi, brochure citée plus haut, p. 21.
(2) Le P. Marchi, id., p. 20.

nière offrande. Le P. Marchi s'exprime ainsi au sujet de cette inscription : « *Rispetto alle tre Ninfe che qui ad Apollo, secondo la mitologia, doveano essere compagne, tornerà certamente nuovo il vederle appellate Domiziane. Furono dette Auguste relativamente ad altri imperatori : son qui dette Domiziane, e fuor d'ogni dubbio per relazione a Domiziano, la cui forsennatezza potra ben esser giunta fino ad imporre il proprio nome eziandio alle Ninfe.* »

Il n'était pas besoin d'un ordre spécial ou même d'un désir exprimé par l'empereur pour que son nom fût ajouté à celui des nymphes ; il n'était même pas besoin d'être empereur pour joindre son nom à celui d'une divinité : de simples particuliers le pouvaient faire. Les inscriptions nous en fournissent des exemples très-fréquents (1).

Il est évident, d'après les trois inscriptions rapportées plus haut, qu'Apollon présidait à ces eaux et qu'elles ne sauraient avoir été autres que les *Aquæ Apollinares*. *L'æs rude* trouvé dans les couches inférieures du bassin prouve que cet établissement thermal existait déjà longtemps avant la fondation de Rome.

Nibby avait remarqué à Vicarello, bien des années avant la découverte de 1852, des constructions romaines :

« *Nella piazza avanti il casale veggonsi rocchi di colonne di marmo, indizio della esistenza di una fabbrica antica in questo sito, che si riconosce per una villa magnifica della epoca di Traiano, o di Adriano. Imperciocchè il ripiano sul quale sorge il casale moderno e retto verso il lago sono contrafforti, di opera reticolata di lava frammischiata ed opera laterizia, per ogni riguardo simile alla costruzzione dell' aquedotto di Traiano. Questa costruzione prolungasi, oltre il casale, lungo il ciglio della falda, che sovrasta al lago, verso Trevignano, cioè da sud-ouest a nord-est, ed è attraversata dalla strada che da Trevignano va a Vicarello* (2). » Le

(1) Dans l'Orelli d'Henzen, *Fortuna Tulliana*, 1769, et *Fortuna Torquatiana* ;—*Hercules Aelianus*, Grut., 1069, 10 ;—*Hercules Iulianus*, ib., 48, 7 ; — *Diana Valeriana*, ib., 41, 9 ; — *Diana Baesiana*, Fabretti, *De colon. Traj.*, p. 247 ; — *Pluto Nervianius*, ib., ib., p. 247 ; — *Proserpina Nerviania*, ib., ib., ib. ; — *Ceres Orciliana*, ib., ib., p. 248. N'avons-nous pas enfin le vers si connu de Juvénal :

Me quoque ad Helvinam Cererem vestramque Dianam.
SAT VII, v. 91.

(2) Nibby, Analisi, t. III, p. 476.

P. Marchi attribue aussi à l'époque de Trajan les constructions romaines de Vicarello.

2° *Modification que la découverte des* AQUÆ APOLLINARES *doit apporter dans le tracé des itinéraires.* —Aucun des géographes qui ont écrit sur les itinéraires n'ayant connu la vraie position des *Aquæ Apollinares*, ils ont tous commis des erreurs graves dans l'indication du parcours des voies antiques de l'Étrurie méridionale. C'est sur ce point qu'ont dû surtout porter mes recherches et c'est la partie de mon travail qui m'est vraiment personnelle.

Les deux itinéraires cités plus haut et indiquant la station AQUÆ APOLLINARES ne donnent pas le même parcours depuis Rome jusqu'à ce dernier point. La Table Antonine place le relai des AQUÆ APOLLINARES sur la route de Rome à COSA, passant par *Careiæ*, les *Aquæ* et *Tarquinii.* — La Table de Peutinger le place bien aussi sur une route allant de Rome à *Tarquinii*, mais suivant d'abord une autre direction et passant par *Lorium*, *Bebiana*, *Turres* et les *Aquæ*. Il faut donc étudier séparément ces deux itinéraires.

1° *Table Antonine.*— La première station indiquée sur cet itinéraire est *Careiæ*, au quinzième mille. On sortait de Rome par *la porta Flaminia* et l'on suivait cette voie jusqu'au *pont Milvius*, au troisième mille depuis l'enceinte de Servius Tullius; on passait le Tibre sur ce pont pour entrer en Étrurie; on laissait alors sur la droite la voie flaminienne. Là, commençait la voie *Clodia* ou *Claudia*, appelée aujourd'hui, comme au temps de Cicéron (1), *via Cassia*. C'est cette voie qu'il fallait suivre pour aller à *Careiæ*, et c'est mal à propos que les cartes faites, principalement pour l'intelligence des itinéraires, comme celle de Westphal, inscrivent la *via Cassia* qui n'est mentionnée par aucun d'eux et distinguent deux voies, l'une du nom de *Clodia*, l'autre du nom de *Cassia*, lorsqu'il est certain que c'est la même qui s'est appelée d'abord *Cassia*, puis plus tard *Clodia*. La route conduisant aux *Aquæ Apollinares* suivait donc la *Claudia* à partir du troisième mille; au sixième mille, existait, à l'époque de Théodose, la station *ad sextum* (Table de Peutinger); mais elle ne figure pas dans l'itinéraire d'Antonin. A ce même endroit, il y eut aussi, plus tard, sans doute, une voie se détachant sur la droite, conduisant à la station qui, des ruines de Veïes, a reçu le nom de *Veios* (Table de Peutinger), et retombant dans la *Clodia* au douzième mille. Mais rien ne prouve que cet embranchement existât déjà au temps d'Antonin. Un peu avant le onzième mille, on laissait à droite la *Clodia* qui tirait directement vers *Baccanæ* et l'on suivait la route qui conduit à

(1) Philipp., XII, c. 9.

Careiæ. Cette station était au quinzième mille, à la moderne Osteria della Galera. C'est de ce point que l'on gagnait les *Aquæ Apollinares* qui sont indiquées à dix-neuf milles de là. Or, à vol d'oiseau, on ne compte que onze milles entre l'Osteria della Galera et Vicarello où étaient les *Aquæ*, comme je l'ai établi plus haut; mais on en compte bien dix-neuf en contournant, soit à l'est, soit à l'ouest, le lago di Bracciano, l'ancien *Lacus Sabatinus*. Les mesures de Westphal ne sont pas exactes sur ce point; il faut suivre la carte de Gell et Nibby, ou, mieux, celle de l'état-major français. On voit encore dans cette direction, c'est-à-dire en suivant les contours du lac à l'ouest, les vestiges de la voie antique : « *Varii tratti del pavimento antico conservansi nel tronco principale fra la Storta e Bracciano* (1). » Westphal a placé les *Aquæ Apollinares* aux *Bagni di Sasso* du côté de la mer, à douze milles au sud-ouest de Vicarello, c'est-à-dire à douze milles de la place qu'elles occupaient réellement. Mais dans son hypothèse, comme dans la réalité, la distance donnée par la Table Antonine entre les *Aquæ* et *Tarquinii*, la moderne Tarchina, est impossible, car ce dernier point est à vingt-deux milles de Vicarello et non à douze milles, comme le porte la Table. Il y a donc dans ce monument une erreur ou plutôt une omission évidente et l'on doit, de toute nécessité, lire, non pas

Tarquinios XII ;

mais bien

Tarquinios [X]XII.

Cela est d'autant plus probable que ce passage de la Table Antonine a été altéré. La station de *Cosa* indiquée sur cet itinéraire comme étant à quinze mille de *Tarquinii* en est en réalité distante de trente et un milles.

2° *Table de Peutinger*. — Il est facile de se convaincre d'abord que la route indiquée par la Table de Peutinger pour aller de Rome aux *Aquæ Apollinares* et, plus loin, à *Tarquinii*, n'était, vers son origine, autre que *la via Aurelia*. Elle conduisait d'abord à *Lorium* :

Lorio XII.

distance parfaitement conforme à celle de la Table Antonine

(1) Nibby. Analisi, t. III, p 576.

(article de la *via Aurelia*) et à l'indication d'Aurelius Victor (1). Viennent ensuite les stations *Bebiana* et *Turres*, pour lesquelles il n'y a pas de distances indiquées sur la Table de Peutinger. *Lorium* est au casale di Bottaccia, près du castel di Guido. C'est là que se voient, en effet, les ruines de la fameuse résidence des Antonins à *Lorium*. Elles sont très-apparentes, surtout depuis les fouilles que la princesse Doria-Pamphili y fit pratiquer en 1824. *Bebiana* ne saurait être où la place Nibby, à trois milles de *Lorium*, à l'endroit appelé casal Brucciato, sur une colline d'où l'on voit la mer, parce qu'elle serait à plus de six milles d'*Alsium* (Palo), station mentionnée dans la Table de Peutinger à l'article spécialement consacré à la *via Aurelia* et indiquée comme étant à six milles de ce lieu ; il faut donc la placer à sept milles de *Lorium* : elle sera alors à six milles d'*Alsium*. La station *Turres*, qui figure dans la Table de Peutinger immédiatement après celle de *Bebiana* sur la route des *Aquæ Apollinares*, sans indication de distance, est-elle la même que la Table Antonine donne sous le nom de *ad Turres* dans le parcours de la *via Aurelia?* Il est permis d'en douter ; je serais même tenté de croire que cette station de la *via Aurelia* avait disparu à l'époque de Théodose, car la station *Turres* de la Table de Peutinger, située sur la route des *Aquæ Apollinares* est à huit milles de ce dernier point ou de l'origine présumée du petit *diverticulum* qui y conduisait. Comment concilier cette distance de huit milles avec la position de l'*ad Turres* de la Table Antonine qui est à quatre milles d'*Alsium*, c'est-à-dire à dix-sept des *Aquæ Apollinares?*

Alsio IX.
Ad Turres IV.
Pyrgos VII.

Nous aurions donc 17 milles au lieu de 8 à franchir à vol d'oiseau entre cette station et les *Aquæ Apollinares*. En supposant, au contraire, que l'on quittât la *via Aurelia* à *Bebiana* que nous placerons par conjecture à 7 milles de *Lorium*, nous ferions partir une route en ligne droite de ce point, et nous la conduirions jusqu'au *diverticulum* des *Aquæ Appollinares* ; et, à 8 milles en deçà de ces dernières, nous placerions la station *Turres* qui se trouverait alors à 13 milles de *Bebiana*, près du lac, et au carrefour des deux routes. Une voie antique doit nécessairement exister dans cette direction, car il est

(1) Epitom., c. xx.

hors de doute que les deux points *Lorium* et les *Aquæ Appollinares* étaient reliés ensemble. Or, ce tracé manque sur toutes les cartes. Il faut le conduire de *Bebiana* jusqu'au bord du lago di Bracciano avant la bourgade de ce nom. Il s'écarterait du lac à un mille environ de Vicarello pour tirer vers *Tarquinii*. Le *diverticulum* n'avait sans doute guère plus d'un ou deux milles, et c'est à son origine que devait se trouver le relais qui portait le nom des *Aquæ*, de même que, sur nos routes et nos chemins de fer modernes, les appellations des localités qui sont quelquefois assez éloignées sont données à la *station* qui les dessert. Dans l'hypothèse que je propose, il n'y aurait rien à corriger à la Table. Si l'on plaçait, au contraire, la station *Turres* de la Table de Peutinger au même lieu que l'*ad Turres* de l'itinéraire d'Antonin, il faudrait changer le texte et lire :

Roma
Lorio XII
Bebiana [VII]
Turres [III]
} sur la *via Aurelia*.
Aquas Apollinares (XVII au lieu de) VIII.

En adoptant mon explication, on aura :

Roma
Lorio XII.
Bebiana [VII]
} sur la *via Aurelia*.
Turres [XIII].
Ad Aquas Apollinares, VIII.

La position reconnue des *Aquæ Appollinares* m'a conduit à étudier avec soin tous les parcours des itinéraires anciens dans l'Etrurie méridionale, et je me suis convaincu : 1° que les travaux de Nibby et de Westphal étaient très-défectueux sur ce point ; 2° que le tracé des routes anciennes devait être soumis à une révision sévère ; 3° que plusieurs stations avaient été indiquées fort inexactement jusqu'à présent et qu'il ne serait peut-être pas impossible de découvrir la véritable position des relais *ad novas* et de la ville de *Sabate* qui donnait son nom au *lacus Sabatinus*.

I. La Table Antonine nous offre pour cette partie de l'Etrurie quatre itinéraires distincts : 1° la *via Claudia*, de *Luca* à *Roma* que, pour plus de facilité, nous suivrons dans la direction inverse, c'est-à-dire de Rome à Lucques. Les premières stations mentionnées sont les suivantes :

Roma.
Baccanas XXI.
Sutrium XII.

Point de difficulté pour le tracé de cet itinéraire. Nous comptons en effet 20 milles de Rome à la moderne Baccano, et la station ancienne devait être à un mille au delà de cette bourgade. Pour y parvenir, on suivait la *via Flaminia* jusqu'au delà du *pons Milvius*, puis on entrait dans la *Claudia* qu'on suivait jusqu'à Lucques (1). La voie Cassia moderne nous représente, presque dans tout son parcours de Rome à Baccano, la *Claudia* de la Table Antonine. *Sutrium* (Sutri) est à 12 milles et 1|2 de Baccano. Il n'y a donc rien à changer à ce tracé.

2° La *via Aurelia* (Table Antonine) donne les stations suivantes :

Roma.
Lorio XII.
Ad Turres X.
Pyrgos XII.

Nous ne savons au juste où était le relais *ad Turres*; mais *Pyrgos*, qui ne pouvait être éloigné de la moderne S. Severa, se trouverait bien en effet à 34 milles de Rome et à 22 de *Lorium*; or, en mesurant 10 milles au delà de *Lorium*, et 12 milles en deçà de Pyrgos, on tombera sur un point situé à 4 milles au nord-ouest d'*Alsium* (Palo), où l'on pourra placer avec certitude *ad Turres*.

(1) On n'appelait pas cette voie la *Cassia* au temps d'Antonin, ainsi que nous l'avons dit plus haut. Ce nom lui est donné par Cicéron, mais déjà, sous Auguste, c'était la *Claudia* : Ovide dit en parlant de ses jardins :

Nec quas pomiferis positos in collibus hortos
Spectet Flaminiæ Claudia juncta viæ.

3° Une autre route, plus longue, conduisait encore à *Pyrgos*, par la *via Portuensis* :

Roma
Portus Augusti XIX.
Fregenas IX.
Alsio IX.
Ad Turres IV.
Pyrgos XII.

Le *Portus Augusti* est à Porto; *Fregenæ*, vers le Casale di Maccarese, et *Alsium* à Palo.

4° La route de Rome à Cosa par les *Aquæ Apollinares* dont j'ai proposé plus haut la rectification. C'est pour ce dernier parcours que le tracé de Westphal est à refaire. Un autre changement non moins nécessaire est de réserver l'appellation de *via Claudia* ou *Clodia* pour la route qui, partant du *pons Milvius*, passe par *Baccanæ* et *Sutrium*. Il ne peut exister aucun doute à cet égard, car la Table de Peutinger est parfaitement d'accord avec l'itinéraire d'Antonin, quant à la désignation de la voie dans cette partie de son parcours, du moins. On peut, si l'on veut, ajouter le nom de *Cassia* à celui de *Clodia* pour distinguer les époques : « *Via Claudia* sive *Clodia*, prius *Cassia* dicta. » Mais il faut bien se garder de les distinguer l'une de l'autre par le tracé et d'en faire deux routes différentes :

II. Le tracé des routes mentionnées dans la Table de Peutinger présente un peu plus de difficulté.

1° *Via Aurelia.*
Romæ Gemellum.
Lorio XII.
Bebiana [VII.]
Alsium, VI.
Pyrgos X.
etc.

J'ai placé par conjecture, contrairement à l'opinion de Nibby, mais conformément aux mesures des itinéraires, *Bebiana* à 7 milles de *Lorium*, à 6 d'*Alsium*. Les autres positions sont reconnues :

2° *Via Clodia.*
Roma in Alpe Pennino.
Ad pontem Julii III.
Ad Sextum III.
Veios VI.
Vacanas VIIII.
Sutrio XII.
etc.

Le *pons Milvius* est désigné, comme on voit, dans ce monument, sous le nom de *pons Julii.* — *Ad Sextum* se trouvait au point où la voie se partageait vraisemblablement en deux à la fin du 4e siècle. Celle de gauche est la *via Claudia* de la Table Antonine (Voyez plus haut). Celle de droite était un embranchement, passant à l'est du plateau de l'ancienne *Veïes* et rejoignant cette même route au XIIIe mille. Ce sont des vestiges de voie antique retrouvés dans cette direction orientale qui ont donné lieu à ce tracé ; mais il n'est pas nécessaire de supposer l'existence de cet embranchement pour gagner la station de *Veïes*, car elle pouvait très-bien se trouver sur l'ancienne *Via Clodia*, qui passe tout près de l'emplacement de la vieille ville étrusque. Cette direction allonge au lieu d'abréger la distance de Rome à *Baccanæ*. Il n'y a rien à changer au tracé de Westphal sur ce point.

3° Roma Portum Herculis.
Ad pontem Julii, III.
Ad Sextum, III.
Careias, VIIII.
Vacanas VIIII.
Ad Novas VIII.
Sabate »
Foro Clodo CO
Blera XVI.
etc.

De Rome à *Careiæ* point de difficulté. Les positions sont connues et la distance cadre avec celle de la Table Antonine. Mais à partir de *Careiæ*, il est impossible de suivre sur aucun des tracés de nos cartes le parcours indiqué par la Table de Peutinger. Westphal supprime la 4e station :

Vacanas VIIII

qui l'embarrasse et place *ad Novas* (qu'il écrit *ad Nonas*) à 9 milles de *Careiæ*, au sud-ouest du lago di Bracciano, puis *Sabate* à 3 milles de là, à S. Marciano, *Foro Clodo* à 3 milles plus loin vers Oriuolo, enfin *Blera* à Bieda, non à 16 milles de *Foro Clodo*, comme il est dit dans la table, mais à 9 milles, ce qui donne la disposition suivante :

Careias VIIII.
(Vacanas VIIII, supprimé par Westphal).
Ad Novas (écrit ad Nonas par W.) VIII.
Sabate [III.]
Foro Clodo [III.]
Blera (IX au lieu de) XVI.

M. Lapie, qui ne fait assurément pas autorité, mais dont le nom, attaché à la publication des Itinéraires du marquis de Fortia d'Urban, a donné trop de notoriété aux explications qu'il y a jointes pour qu'on n'en fasse pas mention, propose la disposition qui suit :

Careias	VIIII,	Galera 9 milles.	
Vacanas	VIIII	près Baccano, Ost.	9
Ad Novas	VIII,	Anguillara	8
Sabate	»	Bracciano	4
Foro Clodo	co	Orinolo (barbare pour *Oriuolo*, *Oriolo*, ou *Orivolo*)	4 (1)

Or, 1° *Bracciano* est à 7 milles d'*Anguillara* et non à 4 ; 2° le parcours qu'il propose entre *Careiæ* et *ad Novas* serait assez semblable à celui que l'on suivrait si, pour aller de Paris à Saint-Cloud, on passait par Saint-Germain. *Baccano* est au sommet d'un angle aigu dont Galera et Anguillara représentent les points extrêmes de chacun des côtés. Il est toutefois impossible d'éviter soit l'omission de

(1) P. 201.

Westphal, soit le tracé absurde de Lapie, si l'on veut considérer avec tous les géographes qui se sont occupés de ces itinéraires, Bracciano ou S. Marciano, qui en est voisin, comme étant l'ancienne *Sabate*. Le seul motif qui ait pu faire adopter une première fois cette erreur qui a ensuite été acceptée sans examen, c'est que *Sabate*, qui donnait son nom au *lacus Sabatinus*, pourrait bien être à Bracciano sous le prétexte que cette bourgade donne aussi son nom au Lago di Bracciano. Interrogeons la topographie et l'histoire de Bracciano, nous ne trouvons pas un seul vestige, un seul souvenir, pas une pierre, pas une inscription qui remonte à l'époque romaine. Nibby a trop de bonne foi pour n'en pas convenir, lui qui place cependant *Sabate* à cet endroit : « *Non se ne ravvisano affato vestigia.* (1) »

Holstenius place *Sabate* à S. Liberato, sur la hauteur voisine de Bracciano en un lieu où se voient des ruines romaines ; mais ce sont celles d'une villa qui a appartenu à une certaine Mettia, affranchie de Titus Hedoneus et à laquelle elle avait donné le nom de Pausilype à cause sans doute de la belle vue dont on jouissait de cette colline. L'inscription qui a été trouvée parmi ces ruines ne nous laisse plus aucun doute à cet égard.

PAVSILYPON
METTIAE. T. L. HEDONEI.

Un *diverticulum* antique y conduisait. Quant à Bracciano, la première mention qui en soit faite dans l'histoire remonte à l'année 1320. On voit bien des débris de voie romaine sur les bords du lac, mais c'est probablement la route de Rome à Cosa mentionnée dans la Table Antonine (voyez plus haut), et passant à la station des *Aquæ Apollinares*.

Si nous examinons l'autre côté du lac, nous trouvons tout le sol compris entre Trevignano et Vicarello couvert de ruines romaines.

« *La situazione di questa terra (Trevignano) che si riconosce come succeduta ad un oppidum dagli antichi veijenti uscendo dalla terra verso Bracciano ravvisai a sinistra presso la porta un pezzo di muro antico costrutto di tetraedri irregolari innestati insieme gli uni cogli altri, come que'delle mura di Collazia, di Ardea, e di altre città antichissime* (2).

(1) Analisi, t. III, p. 376.
(2) Nibby, Analisi, t. III, p. 288-88.

On y voit aussi des ruines moins anciennes d'*opus reticulatum.* Enfin, on remarque sur les bords du lac des vestiges de voies romaines, quoique les itinéraires anciens, interprétés comme ils l'ont été sur ce point jusqu'à présent, ne mentionnent aucune route dans cette direction :

« *Una via romana antica costeggiava il lago da questa parte e serviva di tramite fralle vie Cassia, Claudia ed Aurelia ; di questa rimangono avanzi in parte coperti dalle acque del lago.* »

C'est vers *Trevignano* que je place Sabate, et j'explique ainsi les itinéraires.

De Galera à Baccano il y a 9 milles. La distance donnée par la Table de Peutinger entre *Careias* et *Vacanas* est donc juste. Il faut de toute nécessité conduire une route entre ces deux points et la faire passer au sud-est du petit lac *Alsietinus*, aujourd'hui lago di Martignano. Je ne doute pas qu'un examen attentif des lieux n'en fasse découvrir les vestiges. De Baccano, il faut tracer une autre route qui gagne la rive orientale du lago di Bracciano par le trajet le plus direct et qui devra passer au nord des deux petits lacs de Martignano et de Stracciacappa. Elle atteindra le lac de Bracciano vers la tenuta di Polline et suivra le littoral jusqu'aux environs de Trevignano. Parvenu à la pointe du petit golfe formé au N.-E. du lac et à l'E. de Trevignano, on aura franchi la distance de 8 milles depuis Baccano. Ce serait à ce point qu'il faudrait placer la station *ad Novas*. L'intervalle qui sépare ce lieu de Trevignano est d'un peu moins d'un mille. Ce ne serait donc pas par omission que la mesure n'aurait pas été indiquée sur la Table de Peutinger, mais les deux localités n'en devaient pour ainsi dire faire qu'une seule, ou du moins le relais de *Sabate* aurait été *ad Novas*. Peut-être la voie ne traversait-elle pas la ville elle-même. A partir de *ad Novas*, la route devait s'écarter vers le nord en tournant le massif qui domine Vicarello ; il me paraît évident qu'elle ne pouvait prendre une autre direction, car si elle eût continué à suivre le bord du lac vers l'ouest, elle aurait infailliblement passé aux *Aquæ Apollinares* qui ne sont pas mentionnées sur ce parcours de la Table. C'est donc au nord et de l'autre côté du cratère qu'il faut chercher le *Foro Clodo* ou *Forum Clodii*, 16 milles avant *Blera*, ce qui fait supposer que le *Forum Clodii* aurait dû être très-rapproché de *Sabate*, et peut-être vers Rocca-Romana, car il n'y a que 16 milles à vol d'oiseau entre Trevignano et Bieda, qui paraît bien avoir été l'ancienne Blera. Je regrette de ne pouvoir présenter qu'une simple conjecture pour la position approximative du *Forum Clodii* et pour le tracé de la route depuis

Trevignano, mais tout ce qui précède me paraît offrir une véritable probabilité. Je propose donc l'explication suivante :

Roma		
Ad pontem Julii	III.	*Ponte Molle* 3.
Ad Sextum	III.	*Sepoltura detta di Nerone* 3.
Careias	VIIII.	*Osteria della Galera* 9.
Vacanas	VIIII.	Près *Baccano* 9.
Ad novas	VIII.	Près *Trevignano* 8.
Sabate	»	*Trevignano*, sur les bords du lago di Bracciano.
Foro Clodo	CO	Au nord du massif de *Trevignano* à 3 milles environ de cette dernière. 3.
Blera	XVI.	*Bieda* 16.

Je m'étonne d'autant plus de ne pas voir figurer sur les tracés de Nibby, Gell et Westphal et de tous ceux qui m'ont précédé, une voie antique entre *Careiæ* et *Baccanæ*, que ce n'est pas une fois seulement que cette route est mentionnée dans la Table de Peutinger. L'itinéraire de Rome à *Clusium* donne le parcours suivant :

4° Roma Clusium.	
Ad pontem Julii	III.
Ad Sextum	III.
Careias	VIIII.
Vacanas	VIIII.
Nepe	VIIII.
Faleros	V.
etc.	

Je joins à cette troisième partie de mon rapport deux cartes : l'une est la reproduction du système erroné de Westphal ; l'autre en présente la rectification. Pour éviter les erreurs commises par Nibby, Canina et Westphal, en ce qui concerne les distances, j'ai dressé cette dernière carte d'après les mesures de celle des officiers de l'état-major français, en réduisant l'échelle de moitié. Je prie d'ailleurs Votre Excellence de ne considérer ce dernier travail topographique que relativement à la position retrouvée des *Aquæ Apollinares* et au tracé des routes qui y conduisaient. La situation de

Sabate que je crois avoir déterminée avec certitude, celles de *Bebiana*, *Turres*, *ad Novas* et le tracé de la route de Rome à *Blera*, par *Careiæ*, *Baccanæ* et *Sabate*, sont aussi les points nouveaux que j'ai cherché à fixer. Je ne me dissimule pas ce qu'il y a de conjectural dans l'emplacement que j'ai donné, d'après les géographes qui ont écrit avant moi, à plusieurs stations mentionnées dans les itinéraires anciens. Mais entreprendre une rectification complète m'eût entraîné à faire un travail tout autre que celui que je m'étais proposé; or, une expérience de dix années a pu m'instruire que les tracés donnés jusqu'ici des anciens itinéraires doivent être, pour l'Italie aussi bien que pour la Gaule, soumis à une révision sévère et complète. J'ai même acquis la certitude qu'on n'arrivera à des résultats satisfaisants qu'en visitant les pays, en interrogeant l'épigraphie et les souvenirs du moyen âge aussi bien que les traditions locales, d'après l'excellente méthode suivie par Durandi pour le Piémont, et par Nibby pour la campagne romaine; enfin, en faisant des tracés distincts pour l'itinéraire d'Antonin et la Table de Peutinger; autrement, il me paraît bien difficile d'éviter la confusion. J'ai déjà eu l'occasion d'appeler sur ce point l'attention du prédécesseur de Votre Excellence dans le rapport que j'avais eu l'honneur de lui adresser à la suite de ma première mission en Italie (1852). Le bon sens indique, en effet, que deux itinéraires rédigés à des époques différentes ne peuvent coïncider presque sur aucun point. C'est un système déplorable que celui qui consiste à les vouloir corriger l'un par l'autre. Il y a certainement beaucoup d'erreurs matérielles dans ces deux monuments, mais bien moins qu'on ne l'a supposé pour les avoir mal compris. Il est aussi impossible de les concilier qu'il le serait de faire cadrer nos lignes de chemins de fer avec les anciennes routes royales et celles-ci avec les *grands chemins* du temps de Rosny.

Il est très-difficile d'assigner à l'itinéraire d'Antonin et à la Table de Peutinger une date certaine; mais ce qui me paraît hors de doute c'est que ces deux monuments ne sauraient être du même siècle. De plus ils n'ont pas le même caractère et ne devaient pas répondre aux mêmes besoins. Ceux qui en ont fait un usage fréquent savent que la Table Antonine, qui date très-vraisemblablement du second siècle, quant à son ensemble, présente une homogénéité qui n'existe pas dans la Table de Peutinger. Cette dernière qui, pour la plupart des géographes, est un monument de la fin du quatrième siècle ou du commencement du cinquième, renferme évidemment des parties entières qui sont antérieures au temps des

Antonins. Mannert l'avait déjà soupçonné. M. Léon Renier croit que le fait est incontestable pour ce qui concerne les voies de l'Afrique et de la Gaule, par exemple; l'orthographe de certains noms, la mention faite sur cet itinéraire de certaines localités disparues au second siècle, sont, pour lui, la preuve évidente que les documents qui ont servi de base au travail étaient antérieurs, pour ces deux contrées du moins, à la Table Antonine. J'oserais presque affirmer que le contraire a lieu pour l'Italie. En effet, 1° le nombre des relais y est plus considérable que dans l'itinéraire d'Antonin; 2° la distance qui sépare les mêmes points est presque toujours plus grande dans la Table de Peutinger que dans l'autre, ce qui s'explique par le perfectionnement des moyens de communication à l'époque où les services publics, plus compliqués au quatrième siècle qu'au second, en raison même de la centralisation administrative, exigeaient des routes plus commodes, plus solides, c'est-à-dire des pentes plus douces dans les pays montagneux et par conséquent des voies plus longues pour relier les mêmes points; 3° enfin, des noms chrétiens figurent sur ce monument en Italie et ne permettent pas d'assigner à cette partie du travail, une date antérieure au quatrième siècle. Je me refuse donc absolument à croire que, pour la section de l'Italie, la Table de Peutinger soit antérieure à l'itinéraire d'Antonin.

Comment concilier ces deux observations, en apparence contradictoires, qui donneraient à ce monument une double origine et le feraient antérieur au deuxième siècle pour les contrées situées de ce côté-ci des Alpes, et postérieur au troisième pour celles qui sont situées au delà? Un examen attentif nous apportera bientôt l'explication de cette difficulté. L'usage fréquent que, pour mon compte, j'ai fait de ce document m'a convaincu que ce n'était pas, comme le premier, un monument officiel, rédigé par les soins ou sous la surveillance de l'Etat, que l'on ne doit y voir qu'un tableau postal des relais de l'Empire, et qu'il ne présente nullement le caractère d'uniformité qui doit se rencontrer nécessairement dans tout document administratif d'un usage général et pratique. La base première du travail est évidemment fort ancienne, antérieure même au deuxième siècle; des corrections et surtout de nombreuses additions y auront ensuite été faites vers le commencement du cinquième siècle, et ces changements, aussi bien que ces compléments, auront porté sur les pays plus particulièrement connus du compilateur, et sur lesquels il pouvait obtenir des renseignements faciles, comme l'Italie. Quant aux autres pays, soit qu'il ne pût se procurer les documents nouveaux pour modifier ceux qu'il avait à sa disposition, soit qu'il jugeât inutile de les compléter pour son usage personnel, il se sera contenté des anciens itinéraires sans même tenir compte de la Table Antonine. La Table de Peutinger porte donc essentiellement le caractère d'une œuvre particulière, et non celui d'un document officiel, comme l'Itinéraire d'Antonin.

J'ai dit plus haut que la découverte des *Aquæ apollinares* pouvait donner lieu à une autre étude géographique non moins importante que la rectification des tracés pour les voies de l'Étrurie méridionale. Je veux parler des itinéraires de Cadix à Rome. gravés sur les *trois gobelets*. Je réunissais les éléments de ce travail, lorsque M. Jomard m'apprit qu'il comptait s'en occuper. Cette question mérite d'ailleurs un Mémoire spécial qui exigerait d'assez longues recherches sur la géographie ancienne de l'Espagne : sans y renoncer complétement, j'attendrai pour reprendre cette étude que mon savant maître se soit prononcé sur les points généraux de la question ; me réservant, avec son agrément, de l'examiner dans les détails.

Je ne parle pas des belles fouilles faites à Ostie sous la direction de M. P. E. Visconti, les résultats, si importants pour l'épigraphie, devant en être publié, par lui et par son neveu, très-prochainement.

Je suis, avec un profond respect,
Monsieur le Ministre,
de Votre Excellence,
Le très-humble et très-reconnaissant serviteur,

Ernest Desjardins.

Paris, le 8 janvier 1857.

Paris, Imprimerie de Paul Dupont
rue de Grenelle-St-Honoré, 45

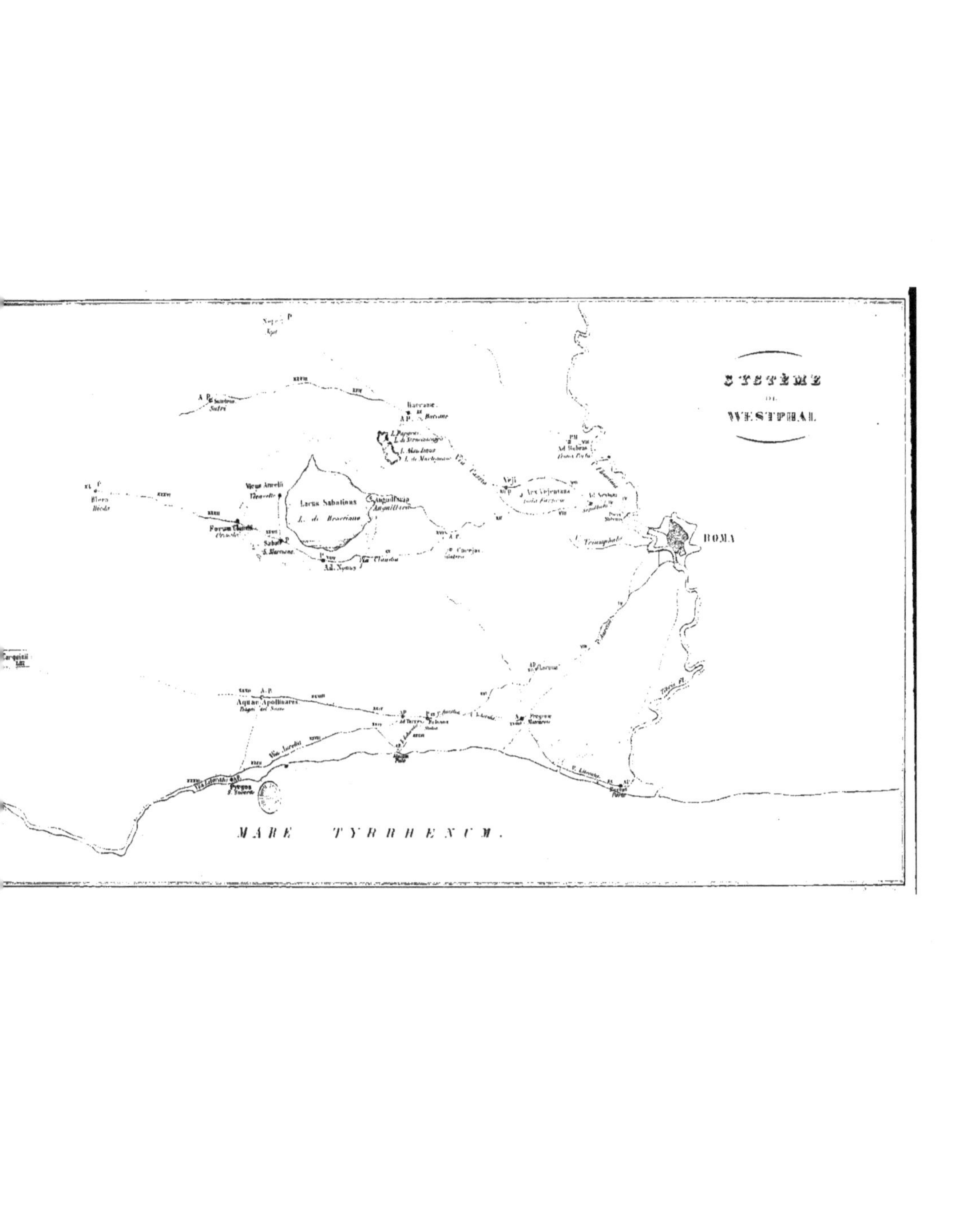
SYSTÈME
DE
WESTPHAL
Lacus Sabatinus
L. di Bracciano
Forum Clodii
Aquae Apollinares
Bagni del Sasso
Via Aurelia
Pyrgos
Veji
Arx Vejentana
Ad Nonas
Ad Rubras
Baccanae
Baccano
Sutri
Blera
Bieda
Nepe
Anguillara
Via Cassia
Via Claudia
Triumphalis
Via Portuensis
Tiberis Fl.
ROMA
MARE TYRRHENUM.

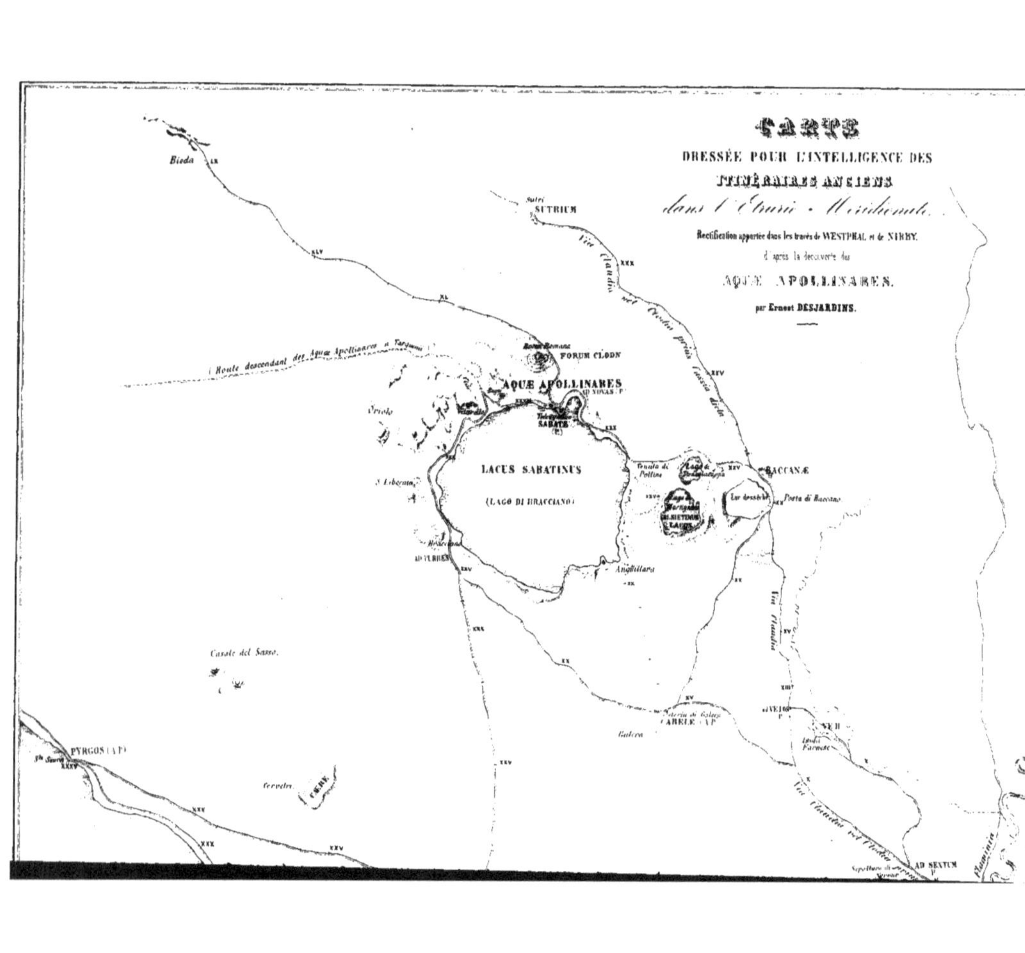
CARTE
DRESSÉE POUR L'INTELLIGENCE DES
ITINÉRAIRES ANCIENS
dans l'Étrurie Méridionale.
Rectification apportée dans les tracés de WESTPHAL et de NIBBY.
d'après la découverte des
AQUÆ APOLLINARES.
par Ernest DESJARDINS.
Bieda
SUTRIUM
Via Claudia vel Clodia prius Cassia dicta
FORUM CLODII
AQUÆ APOLLINARES
AD NOVAS
SABATE
LACUS SABATINUS
(LAGO DI BRACCIANO)
BACCANÆ
Porta di Baccano
AD TURRES
Anguillara
Casale del Sasso
PYRGOS
Cerveteri
CÆRE
Galera
CARELE
VEII
Via Claudia
Via Claudia vel Clodia
AD SEXTUM
Flaminia

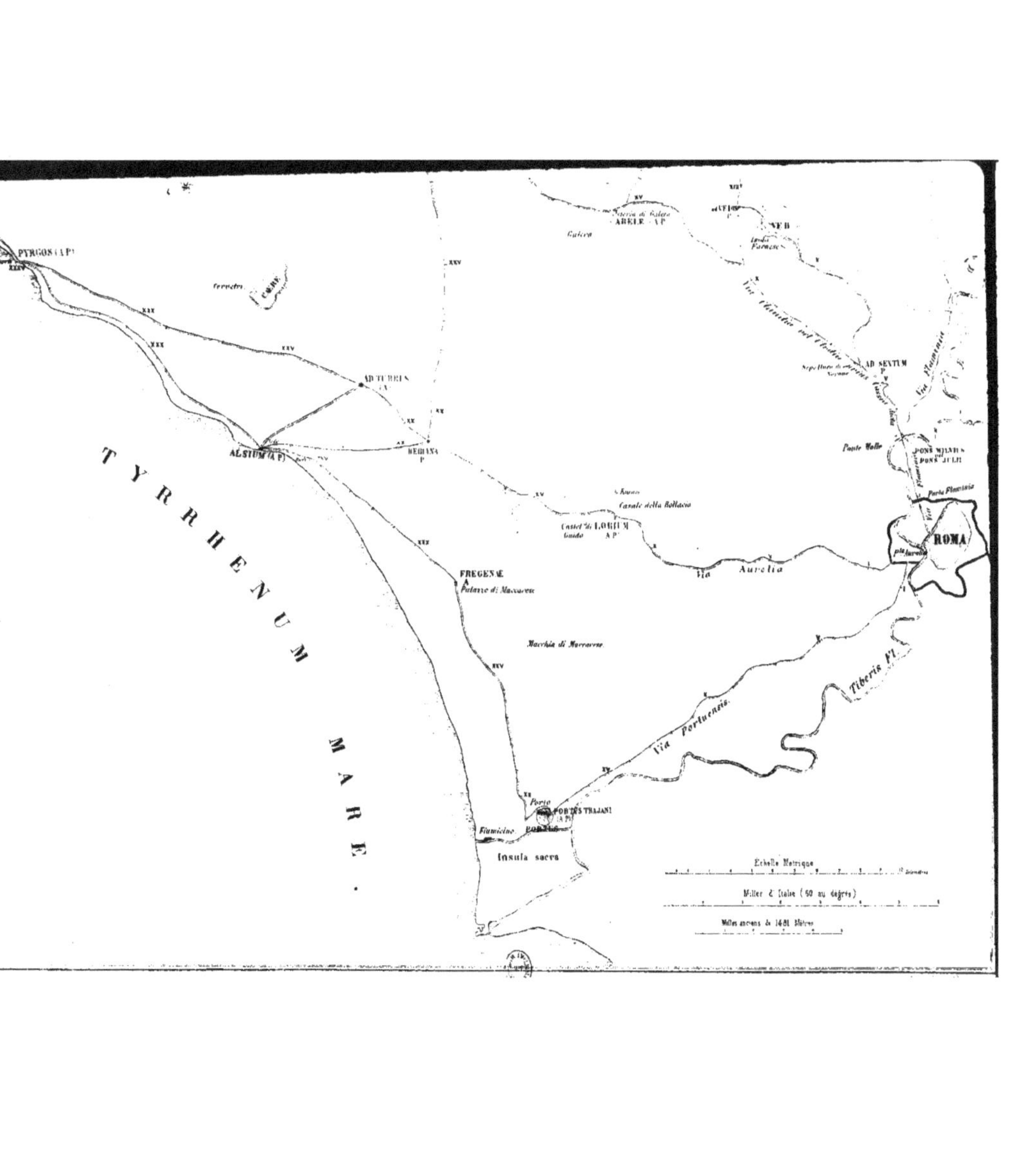

PYRGOS (A P)
TYRRHENUM MARE.
ALSIUM (A P)
AD TURRES
BEBIANA
Galera
FREGENÆ
Palazzo di Maccarese
Macchia di Maccarese
Casale della Bottaccia
Castel di Guido
LORIUM
Via Aurelia
Via Portuensis
Tiberis Fl.
ROMA
Porta Flaminia
Ponte Molle
PONS MILVIUS
PONS JULII
AD SEXTUM
Via Flaminia
Porto
PORTUS TRAJANI
Fiumicino
Insula sacra
Echelle Metrique
Milles d'Italie (60 au degrés)

www.ingramcontent.com/pod-product-compliance
Lightning Source LLC
LaVergne TN
LVHW020435230826
846091LV00004B/1502
9782013666633